선교적 교회 제자훈련 성경공부 시리즈

로마서 II
(9-16장)

하나님의 주권과 그리스도인의 생활

일러두기

본문에 인용한 성경 본문은 대한성서공회에서 펴낸 개역개정판을 따랐다.

로마서 II **하나님의 주권과 그리스도인의 생활**
선교적 교회 제자훈련 성경공부 시리즈

1판 1쇄 발행 2023년 2월 1일
발행처 사)한국해외선교회 출판부(GMF Press)
지은이 이태웅
발행인 양승헌
출판편집 한국선교연구원(KRIM)
주소 서울 양천구 목동중앙본로18길 78, 4층
전화 (02)2654-1006
이메일 krim@krim.org
등록번호 제21-196호
등록일 1990년 9월 28일

로마서 II

하나님의 주권과 그리스도인의 생활

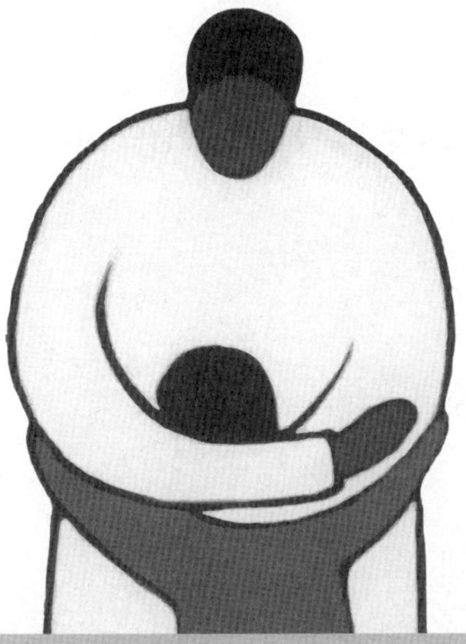

이태웅 지음

선교적 교회 제자훈련 성경공부 시리즈

선교적 교회 제자훈련 성경공부를 위한 이 지침서는 우리에게 하나님의 말씀이 한 사람을 통해 어떻게 삶의 현장에서 현실적으로 나타나는가를 잘 보여 줄 것이다.

목차

제 2 부 그리스도인의 생활

본 시리즈의 배경

『선교적 교회 제자훈련 성경공부 시리즈』는 지난 50여 년간의 경험을 토대로 하나님의 말씀 연구를 통해 어떻게 하면 우리에게 적합한 선교적 교회를 세우고, 제자훈련을 효과적으로 할 수 있을지 긴 숙고 끝에 이뤄진 것임을 밝히는 바이다.

본인은 지난 50여 년 전부터 한국교회의 성장과 학생 및 해외선교 단체를 통해 지도자들을 양성하기 위해 성경공부 교재들을 집필했다. "새생명을 얻는 방법"부터 시작해서 새 생명이 어떻게 자라는가에 초점을 둔 "새생명의 시작"을 집필했고, 그 외에도 여러 제자훈련용 교재를 집필해서 본국에서와 선교지에서 효과를 얻게 되었다. 이를 통해 하나님의 사람이 되기 위해서는 하나님의 말씀에 깊이 뿌리를 내리지 않으면 안 된다는 사실을 깨달았고, 지난 수십 년간 선교사를 훈련하면서 하나님의 말씀을 어떻게 공부하고 적용할 것인가라는 주제는 필수적인 커리큘럼의 일부가 되었다.

1990년 중반 북미주 복음주의 선교학자들이 복음과 문화의 관계를 연구하던 중에 선교적 교회(missional church) 이론이 탄생했다. 먼저는 북미주에, 그다음에는 세계로 퍼져 나갔다. 그러나 애처롭게도 그 불은 빠른 속도로 세계에 퍼졌던 것과 같은 속도로 금새 꺼져 버렸다. 필자는 그 원인으로 제자훈련이 안 된 가운데 단순히 선교신학적 해답을 찾는 것만으로는 선교적 교회가 된다는 것은 불가능하다고 판단하고 본 시리즈를 시작하게 되었다.

> 하나님께서는 모든 교회가 선교적으로 되기를 절실히 원하신다(요 20:21-23).

이태웅

『선교적 교회 제자훈련 성경공부 시리즈』 추천사

『선교적 교회 제자훈련 성경공부 시리즈』는 사도행전을 큰 뼈대로 삼아 그 선교 역사의 흐름 속에 바울서신과 일반서신을 연결하여 각 책의 핵심 내용과 메시지를 현장감 넘치게 소개합니다. 교재마다 세부적인 체계의 차이는 있지만, 큰 뼈대는 대체로 일치합니다. 각 책을 시작할 때마다 그 책의 기원과 구조, 그리고 핵심 주제를 소개하는 서론이 나타납니다. 본론은 단락마다 주제와 내용 요약을 제시하고, 본문 이해를 돕기 위한 질문들과 이를 답변하는 데 도움을 주는 힌트를 제공합니다. 이어서 "이 과를 마치면서"라는 결론으로 마무리됩니다. 그 사이사이에 다양한 소제목이 활용되는데, 예를 들면 본문관찰, 본문묵상, 핵심메시지, 우리의 고백, 추가적 연구, 적용하기, 그리고 나의 기도 등입니다.

이처럼 다양한 소제목은 큰 뼈대와 더불어 크게 두 가지에 관점을 가지고 접근합니다. 첫째, 본문의 의미를 추구하는 것입니다. 이를 위해 역사적 배경, 어휘 연구, 문맥 관찰, 구조 연구, 핵심 메시지 탐구 등이 활용됩니다. 둘째, 본문을 적용하는 것입니다. 이를 위해 묵상, 우리의 고백, 그리고 현대적 적용과 나의 기도 등과 같은 질문들과 도전들이 활용됩니다. 이 시리즈의 교재를 하나씩 따라가다 보면, 독자는 사도들의 교회를 향한 사랑과 선교를 위한 헌신에 깊이 공감하게 되고, 자신도 어느새 그 사랑과 헌신에 동참하게 됨을 발견할 것입니다. 사도행전과 바울서신 그리고 일반

서신을 선교적 관점에서 일관성 있게 공부하고 적용하기를 바라는 목회자와 선교사들과 성도님들에게 이 시리즈를 적극적으로 추천합니다.

양용의 박사 에스라성경대학원대학교 신약학 교수 역임

변함없는 진리의 말씀인 성경과 변화하는 세상 속에 사는 우리 삶은 연결되어야만 합니다. 그것이 성경을 공부하는 이유입니다. 종종 성경공부 교재는 성경(text) 쪽 언덕에 집착하다 상황(context) 쪽 언덕에로의 연결이 약해 기독교판 주지주의(主知主義)로 빠지게 되거나, 반대로 상황 쪽 언덕에 집착하다 성경 쪽 언덕에로의 연결이 약해 주관주의로 빠지게 되는 것을 느낍니다. 『선교적 교회 제자훈련 성경공부 시리즈』는 평생 하나님의 말씀과 하나님의 선교에 헌신해 오신 이태웅 박사님의 평생의 노력이 한 곳에 모인 균형 잡힌 성경공부 교재입니다. 디모데가 바울이 보낸 디모데전후서 편지를 받았을 때 느꼈을 따듯한 가르침이 이 교재 페이지마다 진하게 느껴집니다. 노련한 하나님의 사람 이태웅 멘토님의 다정하고 자상한 가이드를 통해 우리는 그 말씀으로 이 상황을 어떻게 살고 섬겨야 할지를 배울 수 있습니다. 저자의 귀한 헌신과 노력이 이 땅의 말씀 사역자들에게 큰 축복이 될 것을 확신합니다.

양승헌 목사 세대로교회 담임, Ph.D.(트리니티 복음주의 신학교)

이 성경공부 시리즈는 본문 연구에 충실하면서도 구체적으로 선교적 적용을 하고 있습니다. 사도행전과 서신서들을 묵상하면서 선교적 영성을 닦고 제자도를 연마하는 데 크게 도움이 될 것입니다. 복음주의적인 성경 이해를 바탕으로 제자로서의 자신의 삶을 돌아보는 영적인 순례길의 좋은 안내자가 될 것이라고 믿습니다.

문상철 목사 카리스 교차문화학 연구원장, KRIM 창립원장 역임,
Ph.D. in ICS(트리니티 복음주의 신학교)

이번 이태웅 목사님이 집필하신 『선교적 교회 제자훈련 성경공부 시리즈』는 체계적으로 주님의 말씀을 공부함으로써 영적 성숙을 이룰 뿐만 아니라 선교적 그리스도인으로서 하나님의 선교에 참여할 열정을 품게 해 줄 것입니다. 성경이 말씀하고 있는 선교적 삶을 살고자 하는 선교사와 선교적 그리스도인이 되고자 하는 사람이라면 누구나 쉽게 공부함으로 도움을 받을 수 있는 본 교재를 적극적으로 추천하는 바입니다.

주민호 선교사 침례교해외선교회(FMB) 회장(선교학 박사)

하나님의 백성이 튼튼해지는 길은 하나님의 말씀을 정기적으로 잘 먹고, 그 말씀대로 사는 것입니다. 『선교적 교회 제자훈련 성경공부 시리즈』는 그런 길로 친절하게 안내하고 있습니다. 본인은 실제로 미국 한인교회 청년들을 대상으로 본 성경공부 시리즈를 활용하면서 큰 성과를 거둔 경험이 있습니다. 이번 개정판이 21 세기 상황에 더 적합하게 만들어진 것을 보니 더욱 기쁩니다.

변진석 목사 한국선교훈련원 원장, Ph.D. in ICS(트리니티 복음주의 신학교)

선교라는 제목에도 불구하고 이 시리즈에서 선교가 잘 안 보인다면 이는 성경이 선교적이지 않거나 저자가 선교를 몰라서가 아니라 성경과 이 책을 보는 우리의 선교에 대한 오해 때문입니다. 그리스도인의 바른 정체성과 속성이 곧 선교적이었던 초기 교회의 모습을 바르게 보여 준다는 면에서 이 시리즈는 선교적 성경공부입니다. 이 책을 통해 말씀의 본래 의도를 깨달아 우리의 선교에 대한 오해가 선교의 이해로 거듭나기를 바랍니다.

권성찬 목사 한국해외선교회(GMF) 대표,
GBT 대표 및 위클리프 아시아-태평양 대표 역임, Ph.D.(옥스퍼드선교대학원)

로마서 Ⅱ(9-16 장) 서문

이 지침서는『로마서 1-8 장, 온 인류를 위한 복음』의 속편이다. 이 책은 그리스도의 은혜를 깊이 깨닫고 그 인격이 변화되어 하나님의 계획에 따라 그리스도인의 삶을 살려는 분들에게 도움을 주려는 목적으로 쓰였다. 참 그리스도인의 삶은 교리가 교리대로만 머무르지 않고 삶 속에 용해(溶解)되어 실생활로 전환되어 나타나야 한다. 그리스도께서 십자가에서 우리 죄를 향한 하나님의 진노를 대신 받으신 구속의 교리도 교리로만 존재해서는 안 된다. 이러한 교리는 실생활 중에 우리 생명을 바쳐 연약한 형제/자매를 사랑하는 것과 잃어버린 영혼에 대한 사랑으로 나타나야 하는 것이 정상이다. 동시에 성결의 교리는 우리가 이 세대에 동화되지 말고 "오직 마음을 새롭게 함으로 변화를 받아 하나님의 선하시고 기뻐하시고 온전하신 뜻이 무엇인지 분별"(롬 12:2)하는 삶으로 표현되어야 한다.

신앙생활을 오래 하면 할수록 우리 생활이 그처럼 변화되는 것이 얼마나 중요한가를 더욱더 깨닫게 된다. 특히 로마서 1-8 장에서 말씀하고 있는 신앙원칙에 따라 그 삶이 새롭게 재(再) 조성(造成) 되는 것의 중요성은 시대가 악(惡)하면 악할수록 더욱더 절실하게 느껴진다. 바울 사도가 로마서를 썼을 1 세기경이나 지금이나 똑같이 모든 그리스도인이 이런 사실을 마땅히 알아야 한다는 확신을 하게 된다. 지금이라도 우리가 본문의 말씀에 따라 변화된 삶을 산다면 우리 주위가 한층 더 하나님의 나라의 영향력

권내로 가깝게 변화될 것이다. 우리 가정이 변하고 우리 직장이 변할 것이다. 우리 선교지가 변하고 우리 교회가 변할 것이다.

필자의 경우 오랫동안 로마서 1-8 장에 초점을 맞추고, 9-16 장 내용에 대해서는 덜 중요시했던 것이 사실이다. 다행스럽게 늦게나마 로마서 9-16 장이 얼마나 중요한가를 깨닫게 되었다. 이 둘은 떼려야 뗄 수 없는 유기적인 관계를 맺고 있다는 사실을 날이 갈수록 깊이 느끼고 있다. 지금은 만일 누가 우리 신앙 성숙의 척도에 대해 말하라고 하면 필자는 서슴지 않고 로마서 9-16 장의 내용이 얼마만큼 우리의 생활 가운데 이뤄지고 있는가에 따라 그 성숙도가 평가될 것이라고 대답할 것이다.

이 지침서는 그러한 삶을 사는 데 조금이나마 도움이 될 수 있기 위한 목적으로 쓰였다. 만약 이 지침서를 사용하는 이들이 본문의 내용을 생활 가운데 성실하게 적용한다면 이 지침서는 그 목적을 달성한 셈이 될 것이다. 공부하는 요령은 미리 혼자 성경 본문을 여러 번 읽은 후 해답을 작성하고 생활에 적용해 본 후, 그룹 가운데서 서로 발견한 것이나 깨달은 점을 나누는 것이 가장 효과적일 것이다.

> 그러므로 형제(자매)들아 내가 하나님의 모든 자비하심으로 너희를 권하노니 너희 몸을 하나님이 기뻐하시는 거룩한 산 제물로 드리라 이는 너희가 드릴 영적 예배니라(롬 12:1).

2023 년 1 월 20 일 개정
목동에서
이태웅

로마서 개론

저자 : 로마서 1:1, 15:19-22 과 사도행전 20:3 을 미루어 보아 바울 사도가 고린도에 머물 때 기록하였음을 알 수 있다.[1]

시기 : 바울 사도가 사망하기 8-10 년 전인 AD 56-57 년에 쓰였다.

배경 : 바울 사도는 소아시아에서 사역을 거의 마치게 되자 로마로 갈 마음이 생겼다(롬 1:9-13, 15:29-32). 그는 준비 단계로 서신을 통하여 로마의 성도들에게 자신을 소개하고, 겸하여 중요한 교리를 가르치려고 했다. 그런 다음 바울 사도는 먼저 구제 연보를 예루살렘에 전달한 후 로마로 가려고 했다. 바울 사도는 전 세계에 복음이 전파되기 위해서는 로마 제국을 도구로 사용해야 한다는 사실을 알았을 것이다.

성격 : 신학적 논문체인 동시에 서신 양식을 띠고 있다.

목적 : 바울 사도는 소아시아 및 마게도니아 사역을 끝마치고 로마로 거점을 옮겨 서쪽으로 더 깊숙이 들어가면서 선교하고 싶었다. 그래서 로마에 가기 전에 자신을 로마인들에게 소개하고, 기타 교리적인 문제들도 아울러 다루고자 했다.

---

1 Matthew Black, *Romans*, The New Century Bible (Greenwood: Attic Press, 1973), 19.

공부 지침

1. 로마서 전체를 집중적으로 읽으라. 계속 읽고 묵상하여 그 윤곽을 파악하라.
2. 기도하는 가운데 말씀을 깊이 신뢰하며 공부하라. 지적인 관심만으로는 부족하다. 예배하는 자세로 공부할 때 가장 깊은 사실까지 알 수 있다.
3. 중요한 주제들을 알 수 있도록 열심히 공부하라. 죄(sin)와 죄들(sins), 죄의식, 화목제물(propitiation), 하나님의 의, 믿음, 성령, 헌신, 인간의 칭의(稱義)의 필요성, 인간의 책임의 필요성, 하나님의 주권, 유대인과 이방인의 관계와 그 미래, 그리스도인의 생활의 핵심적인 이슈 등을 주제로 공부하라.
4. 이 책 전체의 주제인 로마서 1:16-17 에 나타난 신학적 개념들, 즉 하나님, 복음, 능력, 구원, 의(義), 믿음, 삶 등에 초점을 맞추어 공부하라. 로마서는 예수 그리스도의 복음으로 인간이 하나님의 의(義)를 회복하는 것에 관해 말씀하고 있다. 그 내용을 한마디로 요약해 볼 때 우리에게서 나온 의(義)가 아니라 하나님으로부터 온 하나님의 의(義)에 관한 것이다.
5. 불분명한 부분은 주석서들을 참조하여 확인하라.

하나님의 주권과 그리스도인의 생활(로마서 9-16 장)[1]

제 1 부 하나님의 주권(主權)과 이스라엘에게 나타난 하나님의 의(義)(9:1-11:36)[2]

이 단원은 주로 하나님의 주권과 이스라엘 백성의 종말에 대하여 다루고 있다. 이를 통해 바울 사도는 최소한 다음 두 가지 중요한 질문에 대해 해명하고 있다.

- 이스라엘 백성의 실패는 곧 하나님의 계획이 좌절된 것을 의미하는 것은 아닌가?
- 이스라엘 백성의 실패는 하나님께서 이스라엘 백성에게 하신 언약을 충실히 지키시지 않았음을 의미하는 것이 아닌가?

이는 하나님의 통치하심(주권)과 신실하심에 관한 질문이기도 하다. 이에 대해 바울 사도는 다음과 같이 각각 답변하고 있다.[3]

---

1 로마서 9-16 장에서 우리는 바울 사도가 얼마나 자기 민족을 사랑했으며 그들의 구원을 위해서 자신의 생명까지도 기꺼이 드리겠다는 고백에 대해 읽어 볼 수 있다. 그런데도 그는 그것까지도 하나님의 권위에 맡겼다. 다만 하나님의 뜻에 맡긴 후에도 이방인 출신 신자들과 아직 소수인 유대인 개종자들이 서로 사랑하고 함께 제자로 성장할 수 있게 자신의 생애를 쏟아 준 것을 본문 후반부에서 찾아볼 수 있다. 과연 우리는 그런 사랑을 우리 동족은 물론이고 아직도 하나님의 사랑을 경험하지 못한 북한 사람들을 포함한 불신자들을 위해 얼마나 갖고 있는가를 본문을 통해 깨닫고 더 깊이 제자로서 성장할 수 있기를 축원하는 바이다.

2 John Murray, *The Epistle to the Romans*, The New International Commentary on the New Testament (Grand Rapids: Wm. B. Eerdmans, 1974), xii-xiii. Murray는 본문이 앞의 내용과(1-8 장) 불연속성이 있다는 점에 관해 극구 부인하였다. 오히려 이 부분이야말로 1:16, 17 에 관한 최종적인 해답으로 그 절정을 이룬 것이라고 주장했다. "In chapters 9 to 11 the apostle deals with these questions which emerge from the themes of the earlier part of the epistle as these are related to Israel's unbelief…… the promise to Abraham and to his seed was not to all proceeding from Abraham by natural descent. It is to the true Israel the promises are made and the purpose of God according to election stands fast"(9:6-13). 9-11 장은 앞에서 언급한 주제 중에 나타나는 이스라엘의 불신에 관한 질문에 대해 다루고 있다. 이는 아브라함에게 주신 약속에 관한 것이며, 이는 자연적인 혈육에 관한 것이 아니었다. 그 약속은 참 이스라엘에 주어진 것이고 혈통에 대해 주어진 것이 아니었다. 따라서 하나님께서 참 이스라엘에게 하신 선택에 관한 언약은 변함이 없이 견고하다(필자 역).

3 F. F. Bruce, *Romans*, Tyndale New Testament Commentaries (Leicester, England: IVP, 1990), 174. ① 이는 하나님의 불변하는 질서에 해당하는 영역에 속한다(9:6-29). ② 인간 편에서 책임을 져야 할 영역이기도 하다(9:30-10:21). ③ 이미 '소수'(remnant)의 이스라엘 백성이 복음을 믿었으므로 나머지 이스라엘도 믿을 것이라는 담보가 된 바 있다(11:1-16). ④ 이

제 1 과 하나님의 섭리와 이스라엘의 불신(9:1-9:33)

하나님께서는 다른 어떤 세력으로부터 영향을 받거나 압력을 받지 않고 자유자재로 통치(주권을 행사)하고 계신다. 즉, 이스라엘이 실패했다고 해서 하나님께서 통치하시는 일에 차질이 생겼다고 말할 수는 없다는 것이다.

제 2 과 하나님의 은혜와 이스라엘의 의(10:1-21)

하나님께서 이스라엘 백성을 잠시 버리신 것은 임의로 하신 것이 아니라, 이스라엘이 그들에게 보내준 메시아를 도외시하고 자기 자신의 의(율법을 통한 義)를 내세웠기 때문이다.

제 3 과 하나님의 약속과 이스라엘의 회복(11:1-36)

그 어느 날 이스라엘 백성은 그리스도를 배척한 것에 대해 회개를 거국적으로 하고 하나님 앞으로 돌아올 것이다. 따라서 이스라엘은 불성실했으나 하나님께서는 그 언약을 절대로 잊어버리지 않고 끝끝내 지키시는 것을 볼 수 있을 것이다. 이는 헤아릴 수 없는 하나님의 지혜와 은혜와 긍휼 때문이다.

제 2 부 그리스도인의 생활(12:1-16:27)

이 단원은 그리스도인들(교회)이 어떻게 이 땅에서 매일매일 살아야 할 것인가를 세세히 다루고 있다. 먼저 우리 각자가 독특한 은사를 받은 지체들로써 하나님께 헌신하며 서로 섬겨야 할 것에 대해 가르친다. 또 본문은 세상에 살고 있는 우리가 국가와 그 권위에 순복하며 조용한 생활을 하면서 단정히 행하여 하나님의 자녀임을 보여야 한다고 가르친다. 성도(교회)

스라엘이 복음을 한시적으로 거절했다면 그만큼 이방인에게는 큰 복을 받는 기회가 되었고, 마침내는 범세계적으로 구속의 역사가 이뤄질 것이다(11:17-32).

는 서로 정죄하지 말고, 강한 자는 연약한 자를 세워 주고, 연약한 자는 강한 자를 이해하려고 애쓰면서 연합해야 할 것도 가르쳐 준다.

본 단원의 서론에 해당하는 12:1-2 을 달리 표현한다면 바울 사도는 사실상 1-8 장(복음의 극치)과 9-11 장(하나님의 주권적 통치의 극치)을 근거로 다음과 같은 선언을 한 것이라 본다.

> 그러므로 형제(자매)들아 내가 하나님의 모든 자비하심으로 너희를 권하노니 너희 몸을 하나님이 기뻐하시는 거룩한 산 제물로 드리라 이는 너희가 드릴 영적 예배니라(12:1).[4]

이상과 같은 관점에서 볼 때 12-16 장은 성도(교회)들의 실제 생활에 관한 시대를 초월한 가르침이다. 우리가 이 부분을 잘 연마한다면 우리는 더 성숙한 제자가 될 수 있고, 선교적인 삶을 살아갈 수 있으며, 우리가 선교적 교회를 이뤄나가는 데도 귀중한 역할을 하게 될 것이다.

제 4 과 그리스도인의 지체(肢體) 생활(12:1-21)

제 5 과 그리스도인의 세상에서의 생활(13:1-14)

제 6 과 연약한 자에 대한 그리스도인의 의무(14:1-23)

제 7 과 하나님의 나라와 그리스도의 복음 그리고 하나님의 일(15:1-33)

제 8 과 인사와 축도(16:1-27)

---

4 Harrison, *Romans*, 127. Harrison 은 12:1-2 에 대해 앞서 거론한 9-11 장만을 근거로 한 것보다는 그전 내용 전체(1-11 장—필자 추가)를 지칭한 것이라고 주장하였다. 다만 그중에서도 6:13 과 6:19 과의 연관성을 강조했는데 그는 자비하심의 단수(mercy) 그 자체에 대해 강조했고, 자비하심의 복수(mercies)는 거부했다. 그 이유는 하나님의 자비하심에 대해 강조하기 위해 큰 자비(great mercy)의 의미를 나타내기 위해서였다고 보인다. 필자의 의견 일부가 Harrison 의 의견과 다른 점에 대해서는 앞부분을 참조하기 바란다.

사도행전과 그 이후 강조된 주제의 관점에서 본 분류[1]

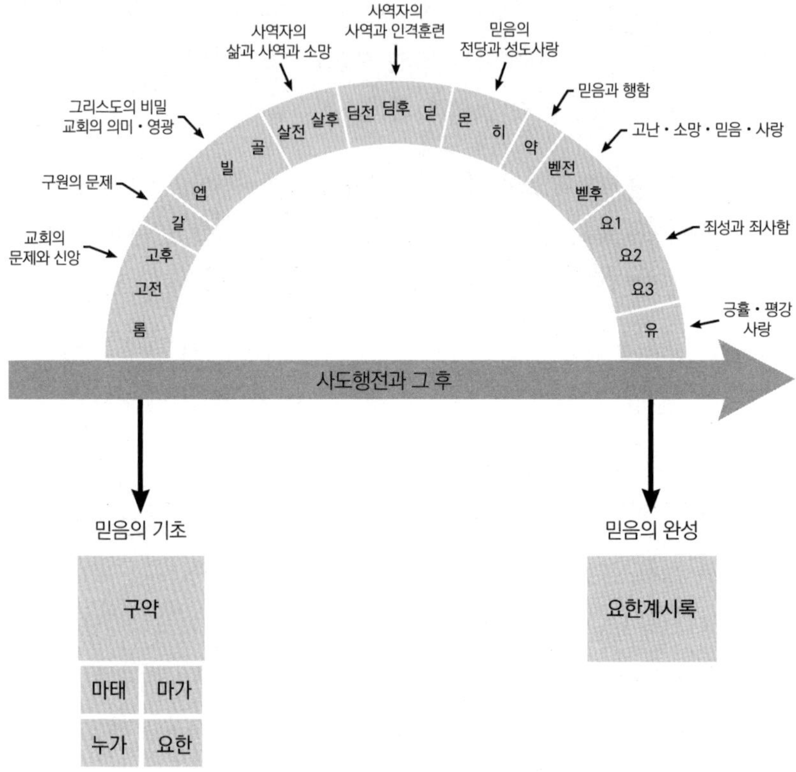

1 누가 선생은 주님께서 승천하신 후 처음으로 교회가 어떻게 탄생했으며(행 2:37-42), 교회가 그들을 어떻게 제자훈련을 시켰으며(행 2:44-47), 그들도 성장하여 선교할 수 있게 양육하였는가에 대한 지침을 제시했다고 볼 수 있다(행 1:8; 20:17-35). 선교가 이뤄진 곳마다 제자들(교인들)의 성장을 위해 자기 생애를 쏟아가며 양육한 것이 또한 좋은 예이다(서신서들과 행 20:18 의 예). 1990 년대에 복음주의 세계를 놀라게 한 '선교적 교회론'과 관련된 여러 논문도 이런 근거 위에 형성된 것이라 본다. 그와 같은 사실을 간단한 도식을 통해 필자가 표현했다.
*** 매 과를 공부할 때마다 그 내용을 확인하고, 선교 대상들(본인 포함)이 어떻게 주님의 제자로서 성장할 수 있는가를 깊이 숙고하기 바란다.**

사도행전과 그 이후에 기록된 서신서의 관점에서 본 분류[2]

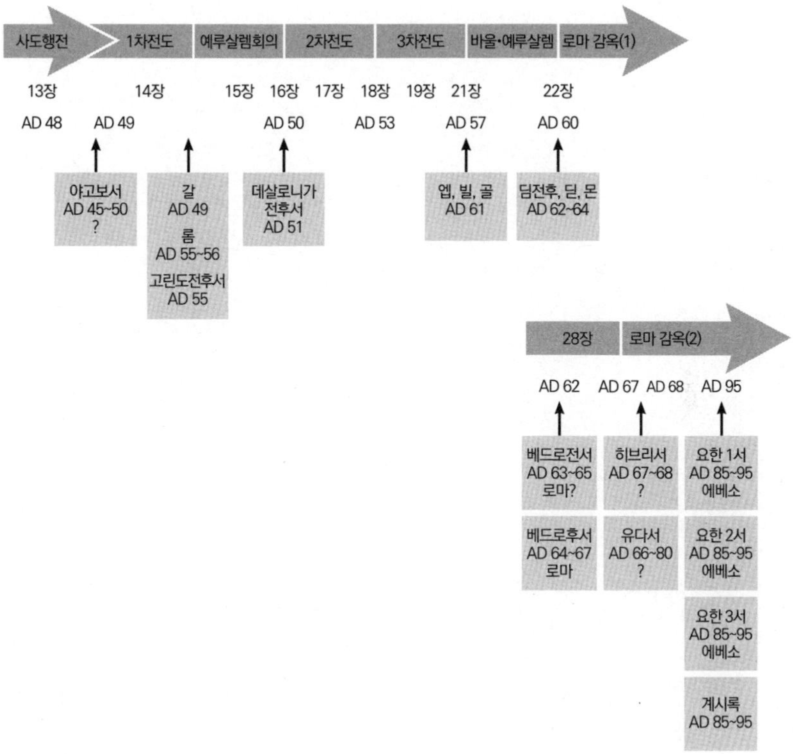

---

2 교회가 탄생한 후 선교와 제자를 양육하는 것이 병행해서 이뤄진 것을 필자가 도식으로 표현하였다. 특히 에베소서에는 제자도를 위한 원리가 소상하게 나타났다(엡 4:7-16). *** 교회가 본질적으로 선교적이며, 이를 위해 제자도(훈련)가 필연적인 사실임을 나타내 주고 있다는 뜻이다.** 이런 사실은 1990 년대에 일련의 선교학자들에 의해 '선교적 교회론'으로 정립된 바 있다. Patrick Schreiner, "What We Would Be Missing If We Didn't Have the Book of Acts," *Crossway Articles*, January 04, 2022; Book Talks with Patrick Schreiner: The Mission of the Triune God," posted by Matthew Hines, January 25, 2022, https://www.mbts.edu/2022/01/booktalks-with-patrick-schreiner-the-mission-of-the-triune-god; Michael W. Goheen, ed. *Reading the Bible Missionally* (Grand Rapids: Eerdmans, 2016), 27.

제 1 부

하나님의 주권(主權)과 이스라엘에게 나타난 하나님의 의(義)

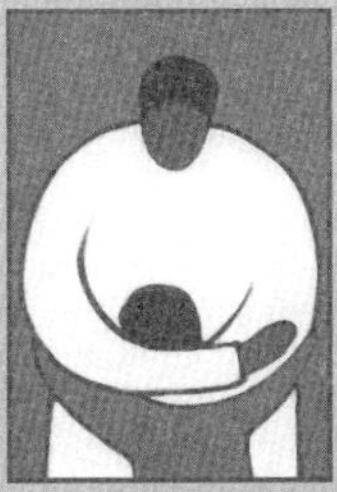

1

하나님의 섭리와 이스라엘의 불신

로마서 9:1-33

하나님의 섭리(통치, 주권)와 인간의 자율성의 문제는 아담과 하와가 처음 창조된 후 하나님께서 절대 불허하신 선악과를 따먹었을 때부터 존재했던 것이다. 지금까지 그 누구도 속 시원하게 이 문제에 대해 답을 내놓은 사람은 없을 것이다. 이는 그만큼 하나님의 통치(주권)와 자율성이 신비롭게 얽혀 있기 때문일 것이다. 오직 하나님만이 통치도 효과적으로 하시는 한편 인간의 자율성을 무시하거나 파괴하지 않을 수 있는 균형 감각을 가지고 계시다. 이는 한편으로 우리가 자유를 누릴 수 있는 존재로 허락을 받았지만, 다른 한편으로 우리의 죄성 때문에 이 자유는 아주 위험한 요소로 남게 되었다. 그런데도 하나님께서는 우리의 자율성을 거두어 가신 적이 한 번도 없다. 이 얼마나 대범하신 하나님이신가![1]

이런 문제는 비단 현대 그리스도인들에게만 국한된 것이 아니라 이스라엘 민족에게도 동일하게 해당하는 것이다. 특히 이스라엘 백성이 하나님께서 친히 보내신 아들 예수 그리스도를 배척한 관점에서 볼 때 하나님의 통치(주권)에 대한 의문이 더욱더 크게 부각(浮刻)되었을 것이다. 이 점에 대해 바울 사도는 다음과 같이 말씀했다. 하나님의 통치(주권)는 그 누구에게도 영향이나 간섭을 받지 않고 이뤄지고 있다는 점을 분명히 말씀하였다. 이를 통해 우리가 알 수 있는 것은 하나님께서는 한 번도 이 세상의 통치(주권)를 포기하신 적이 없을 뿐만 아니라, 앞으로도 절대로 없을 것이라는 점이다. 더욱이 그 통치는 하나님의 통치이기 때문에 언제나 공의롭고 신뢰할 수 있는 것이다. 우리는 이런 하나님의 통치(주권)를 오늘도 받으며 살고 있다. 이런 통치를 받는 이스라엘 백성과 현대 그리스도인들이 반드시 알아야 할 다음 사실들을 생각하면서 이 과를 공부하기를 바란다.

가. 하나님께서는 이스라엘 백성을 결코 포기하지 않으신다(9:1-5)

> 내가 그리스도 안에서 참말을 하고 거짓말을 아니하노라 나에게 큰 근심이 있는 것과 마음에 그치지 않는 고통이 있는 것을 내 양심이 성령 안에서 나와 더불어 증언하노니 나의 형제 곧 골육의 친척을 위하여 내 자신이 저주를 받아 그리스도에게서 끊어질지라도 원하는 바로라 그들은 이스라엘 사람이라 그들에게는 양자 됨과 영광과 언약들과 율법을 세우신 것과 예배와 약속들이 있고 조상들도 그들의 것이요 육신으로 하면 그리스도가 그들에게서 나셨으니 그는 만물 위에 계셔서 세세에 찬양을 받으실 하나님이시니라 아멘(9:1-5).

1. 바울 사도는 동족의 불신에 대해서 애통해 하고 있는 것을 어떻게 표현했는가? 이를 통해 우리가 배울 수 있는 교훈은 어떤 것인가(9:1-3)?

....

1 홍정길, 『하나님의 이름은 자유입니다』 (서울: 크리스챤서적, 2021), 18-24.

힌트

> 바울 사도는 자기 백성에 대한 하나님의 진노를 자신의 생명을 던져서라도 막으려는 태도를 보였다. 그와 같은 위대한 태도는 모세(출 32:32)에게서도 찾아볼 수 있다. 그러나 가장 위대한 모범은 십자가에 달리신 예수 그리스도 안에서 찾아볼 수 있다. 주님께서는 실로 자신의 몸으로 우리를 향한 하나님의 모든 진노를 대신 받으셨던 것이다(사 53:6).

2. 이스라엘 백성에게 준 하나님의 축복을 열거하고 이에 대해 간단히 설명하라. 우리도 그런 축복을 받은 사실에 관해 감사하고, 그런 축복을 우리가 받을 수 있도록 계시를 먼저 받은 이스라엘 백성도 하루속히 예수님을 구세주로 인정하고 하나님께 돌아와서 이런 축복을 함께 누릴 수 있기 위해 기도하기를 바란다(9:4-5).

힌트

> ① **양자/양녀가 됨**: 로마서 8:15 을 참조하라. 같은 하나님을 아버지로 모셨기 때문에 우리는 하나님의 자녀가 된 것을 의미한다.
>
> ② **영광**: 하나님께서 우리에게 가까이 계심으로 임재하시면 하나님의 영광을 볼 수 있다.
>
> ③ **언약들**: 아브라함, 다윗 등에게 주신 하나님의 구속과 축복의 약속을 의미한다. 이런 것이 그리스도 안에서 이제는 우리에게도 적용될 수 있게 되었다.

④ **율법**: 모세를 통해 주셨고, 이를 통해 아브라함에게 주신 하나님과의 언약을 재확인하셨다. 이런 율법이 있었기 때문에 우리는 죄에 대해 깨닫고 주님을 믿을 수 있게 되었다.

⑤ **예배**: 여기서는 성전에서 예배드리는 것을 의미한다. 하지만 우리에게도 이를 능가하는 예배의 기회가 열리게 되었다. 살아계신 하나님과 만날 수 있는 예배를 우리가 드릴 수 있게 되었다.

⑥ **약속**: 하나님께서 메시아를 통해 구원하실 것에 관해 말씀하신 것을 의미한다. 이런 약속은 이미 성취되었고, 우리는 그 약속대로 메시아이신 주님을 만날 수 있게 되었다.

⑦ **조상**: 그리스도께서는 하나님이시지만 세상에 오실 때에는 이스라엘 민족의 혈통을 통해 오셨다. 비록 혈통으로는 다르지만 믿음으로써 우리도 아브라함의 자손들이라 확신할 수 있게 되었다. 이로써 기라성(綺羅星) 같은 영적 영웅이 다 우리 믿음의 조상들이라고 자부할 수 있게 된 것이다.

⑧ **그리스도**: 유대인의 혈통을 통해서 오셨다. 하지만 온 인류를 위해 오신 것이다. 정작 이스라엘 백성은 그런 면을 보지 못하고 오히려 주님을 배척한 것이다.

나. 이스라엘의 실패는 하나님의 실패가 아니다(9:6-13)

그러나 하나님의 말씀이 폐하여진 것 같지 않도다 이스라엘에게서 난 그들이 다 이스라엘이 아니요 또한 아브라함의 씨가 다 그의 자녀가 아니라 오직 이삭으로부터 난 자라야 네 씨라 불리리라 하셨으니 곧 육신의 자녀가 하나님의 자녀가 아니요 오직 약속의 자녀가 씨로 여기심을 받느니라 약속의 말씀은 이것이니 명년 이 때에 내가 이르리니 사라에게 아들이 있으리라 하심이라 그뿐 아니라 또한 리브가가 우리 조상 이삭 한 사람으로 말미암아 임신하였는데 그 자식들이 아직 나지도 아니하고 무슨 선이나 악을 행하지 아니한 때에 택하심을 따라 되는 하나님의 뜻이 행위로 말미암지 않고 오직 부르시는 이로 말미암아 서게 하려 하사 리브가에게 이르시되 큰 자가 어린 자를 섬기리라 하셨나니 기록된 바 내가 야곱은 사랑하고 에서는 미워하였다 하심과 같으니라(9:6-13).

1. 비록 이스라엘 백성은 실패하였지만, 하나님께서 구약을 통해 약속하신 말씀이 폐(廢)해진 것은 결코 아니라는 점을 바울 사도는 어떻게 설명했는지 요약하고, 이를 통해 우리가 어떤 교훈을 얻을 수 있는지 서로 나누라(9:6).

2. 아브라함의 자녀 중에 누가 진정한 하나님의 자녀들이라고 했는가(9:7-8)?

3. 하나님께서 야곱을 사랑하신 근거가 무엇인가? 야곱이 잘했기 때문인가? 아니면 그가 부족한 사람이지만 하나님의 긍휼과 사랑으로 선택하셨기 때문인가? 우리가 하나님으로부터 선택받은 조건을 본문의 경우와 비교해 보고 느낀 점을 서로 나누기 바란다(9:9-13).

다. 하나님께서는 스스로 원하시는 것을 행하신다(9:14-33)

그런즉 우리가 무슨 말을 하리요 하나님께 불의가 있느냐 그럴 수 없느니라 모세에게 이르시되 내가 긍휼히 여길 자를 긍휼히 여기고 불쌍히 여길 자를 불쌍히 여기리라 하셨으니 그런즉 원하는 자로 말미암음도 아니요 달음박질하는 자로 말미암음도 아니요 오직 긍휼히 여기시는 하나님으로 말미암음이니라 성경이 바로에게 이르시되 내가 이 일을 위하여 너를 세웠으니 곧 너로 말미암아 내 능력을 보이고 내 이름이 온 땅에 전파되게 하려 함이라 하셨으니 그런즉 하나님께서 하고자 하시는 자를 긍휼히 여기시고 하고자 하시는 자를 완악하게 하시느니라(9:14-18).

혹 네가 내게 말하기를 그러면 하나님이 어찌하여 허물하시느냐 누가 그 뜻을 대적하느냐 하리니 이 사람아 네가 누구이기에 감히 하나님께 반문하느냐 지음을 받은 물건이 지은 자에게 어찌 나를 이같이 만들었느냐 말하겠느냐 토기장이가 진흙 한 덩이로 하나는 귀히 쓸 그릇을, 하나는 천히 쓸 그릇을 만들 권한이 없느냐 만일 하나님이 그의 진노를 보이시고 그의 능력을 알게 하고자 하사 멸하기로 준비된 진노의 그릇을 오래 참으심으로 관용하시고 또한 영광 받기로 예비하신 바 긍휼의 그릇에 대하여 그 영광의 풍성함을 알게 하고자 하셨을지라도 무슨 말을 하리요 이 그릇은 우리니 곧 유대인 중에서뿐 아니라 이방인 중에서도 부르신 자니라 호세아의 글에도 이르기를 내가 내 백성 아닌 자를 내 백성이라, 사랑하지 아니한 자를 사랑한 자라 부르리라 너희는 내 백성이 아니라 한 그 곳에서 그들이 살아 계신 하나님의 아들이라 일컬음을 받으리라 함과 같으니라(9:19-26).

또 이사야가 이스라엘에 관하여 외치되 이스라엘 자손들의 수가 비록 바다의 모래 같을지라도 남은 자만 구원을 받으리니 주께서 땅 위에서 그 말씀을 이루고 속히 시행하시리라 하셨느니라 또한 이사야가 미리 말한 바 만일 만군의 주께서 우리에게 씨를 남겨 두지 아니하셨더라면 우리가 소돔과 같이 되고 고모라와 같았으리로다 함과 같으니라 그런즉 우리가 무슨 말을 하리요 의를 따르지 아니한 이방인들이 의를 얻었으니 곧 믿음에서 난 의요 의의 법을 따라간 이스라엘은 율법에 이르지 못하였으니 어찌 그러하냐 이는 그들이 믿음을 의지하지 않고 행위를 의지함이라 부딪칠 돌에 부딪쳤느니라 기록된 바 보라 내가 걸림돌과 거치는 바위를 시온에 두노니 그를 믿는 자는 부끄러움을 당하지 아니하리라 함과 같으니라(9:27-33).

1. 하나님께서 긍휼히 여길 자를 긍휼히 여기시고 완악하게 하시기를 원하시는 자를 완악하게 하시는 이유가 무엇인가? 이를 통해 하나님의 성품에 관해 배울 수 있는 교훈은 무엇인지에 대해서도 서로 나누기 바란다 (9:14-18).

2. 바울 사도는 하나님의 뜻에 대해 사람들은 감히 무엇이라고 말할 수 없다고 했다. 이 점이 사람들에게 주는 의미는 무엇인가? 당신은 어떤 하나님을 믿기 원하는가? 사람들이 마음대로 조정할 수 있는 하나님을 믿기 원하는가, 아니면 절대적인 권위를 소유하신 하나님인가? 그 이유는 무엇인가 (9:19-20)?

3. 하나님의 절대 주권과 사람들의 자유의지에 대해 본문은 어떻게 비유하고 있는지 설명하고, 이것이 우리의 삶에 미치는 영향에 대해 서로 의견을 나누라(9:21).

4. 사람들이 하나님의 긍휼과 진노를 자유자재로 조종할 수 있다면 어떤 폐단이 생기겠나? 하나님께서 자유자재로 하실 수 있는 것이 우리에게는 어떤 유익을 준다고 생각하는지 서로 의견을 나누라(9:22-23).

5. 바울 사도는 유대인이나 이방인 중에서 어떤 사람들이 구원을 받을 수 있다고 말씀했는가? 구약의 어떤 본문들을 사용하여 이를 설명했으며 이런 사실이 우리 신앙생활에 어떤 영향을 줄 수 있다고 보는지 서로 나누라(9:24-29).

6. 우리가 믿는 하나님을 인간적인 방법(제사, 뇌물 등)으로는 만족시켜 드릴 수 없다. 어떻게 해야만 우리가 하나님을 만족시켜 드릴 수 있을까? 그와 같은 관점에 비추어 볼 때 이스라엘 백성들은 어떤 잘못을 범했는지에 대해 서로 나누라(9:30-33).

이 과를 마치면서

바울 사도는 1-8 장에서 우리가 믿음으로써 받은 구원이 얼마나 완벽한 것인가에 대해 다루었다. 우리의 죄들(sins)을 용서받은 것은 물론이고(5:1-11), 우리의 죄성(罪性)까지도 다 해결해 주신 점을 명확하게 설명했다(5:12-21). 이로써 우리는 하나님께서 이스라엘 백성에게 약속하셨던 모든 특권을 물려받게 되었다는 사실도 아울러서 알게 되었다(엡 3:5-6). 아담의 범죄가 그토록 큰 파괴력을 가진 사건이었다면-모든 사람으로 죄인되게 한 시발점이 되었기 때문에-한 사람 예수 그리스도의 십자가의 죽으심은 그 억만 배 더 심오한 사건이었음도 분명히 했다. 즉, 모든 사람이 주님의 십자가로 말미암아 그 어떤 것과도 비교할 수 없을 정도로 크고 귀중한 구원을 받을 기회를 제시했으니 말이다.

여기까지는 우리와 이스라엘 백성 모두를 포함한 전 인류의 관점에서 어떤 결과가 이뤄졌는가를 다룬 것이다. 하지만 9-11 장에서는 이런 것이 다 하나님의 주권에 따라서 이뤄진 것이며 하나님의 통치에 관한 것이지 결코 우리가 간섭할 수 있는 권한이 전혀 없다는 점을 명명백백하게 말씀하셨다. 심지어는 선택을 받은 이스라엘 백성도 아무런 권한이 없다는 점을 확실하게 말씀하셨다. 더 큰 관점에서 보았을 때 우리의 구속은 하나님의 영구적인 계획과 섭리에 따라서 이뤄진 것이다.

이는 구원이 하나님의 절대적인 주권에 속한 것이라는 의미이다. 이스라엘 백성을 포함하여 우리는 피조물에 지나지 않으며 오직 하나님만이 모든 것을 다스리시고 통치하신다. 그런 주권을 행사하셔서 이방인인 우리까지 선택하셨다. 우리가 구원받은 것은 그처럼 우주적인 차원에까지 이르는 심오한 사건이었다. 이를 생각하면서 우리를 선택하신 하나님께 영광을 세세토록 드리며 이런 엄청난 소식을 세상 모든 족속에게까지 전하기 위해 최선을 다하기를 바란다.

나의 기도

하나님 아버지, 당신은 온 우주의 주인이시며 주관자이십니다. 당신의 통치는 너무나 당연하고 귀중합니다. 공의와 사랑과 진리로 통치하시는 하나님 나라에 우리를 초대하여 주신 것에 대해 한없는 감사를 드립니다. 저희는 아무런 자격도 없고, 저희가 당신을 만족시키기 위해 할 수 있는 것이 하나도 없는데 전적인 은혜로 우리가 구원을 받고 하나님의 자녀가 되었습니다. 더욱이 이 죄 많은 세상에서도 죄에서 벗어나 자유롭게 되는 최선의 삶을 살 수 있게 모든 능력을 허락해 주셨습니다. 무엇보다도 한시도 빼놓지 않고 우리를 인도하시는 것에 대해 감사와 찬양을 드립니다. 낮에는 구름 기둥, 밤에는 불기둥으로 출애굽한 이스라엘 백성을 인도하셨듯이 오늘도 성령님께서 우리를 인도하시고 보호하시는 것에 대해 다시 한번 감사드립니다. 어서 속히 이런 하나님에 대해 세상 모든 족속에게 알려야겠습니다. 그렇게 할 수 있도록 저희에게 능력을 주시길 간절히 바랍니다. 예수님의 이름으로 기도합니다. 아멘.

2

하나님의 은혜와 이스라엘의 의(義)

로마서 10:1-21

우리는 그리스도의 은혜를 통해서만 참 하나님의 의(義)를 얻을 수 있다. 그러나 이스라엘 백성은 메시아이신 예수 그리스도께서 대신 십자가에 못 박히심으로써 우리 죄를 사해 주시고 의롭다고 해 주신 하나님의 은혜를 거부했던 것이다. 그 대신 자신들이 율법을 지킴으로써만 의롭게 되고 구원을 받을 수 있다고 고집했다. 진실로 하나님의 말씀이 가까이 그 입가에 있어서 그 입으로 메시아이신 예수 그리스도를 구주로서 시인만 하면 의롭게 될 수 있음을 끝까지 받아드리지 않고(10:8-10), 예수님 앞에 나오지 않은 사람들이 바로 이스라엘 백성이다. 우리도 이와 같은 죄를 범치 않으려면 하나님의 은혜에 대해 늘 올바른 반응을 보이며 감사해야 한다.

하나님께서 우리를 구원하시기 위해 은혜를 베푸신 것도 전적으로 하나님의 주권적인 선택으로만 가능했다. 그처럼 하나님의 은혜가 아니었다면 우리도 구원받을 수 없었을 것이다. 그뿐만 아니라 우리가 하나님의 자녀가 될 수 없었고, 이스라엘 백성에게 약속했던 모든 축복을 누릴 수도 없었을 것이다. 이스라엘 백성은 이러한 하나님의 은혜를 끝까지 도외시했기 때문에 하나님께서 그리스도를 통해 주시는 은혜와 엄청난 축복을 놓쳐 버린 것이다.

하지만 하나님께서 이스라엘 백성을 영영 버리신 것은 아니다. 하나님의 사랑은 그렇게 얄팍하거나 쉽게 변하는 것이 아니다. 한 번 사랑했다가 잘못하면 그대로 버리는 식의 사랑이 아니라는 것이다. 이 장에서 바울 사도는 그러한 하나님의 마음을 잘 표현했다. 우리가 받은 사랑의 성격도 바로 그런 것이다. 이를 생각하면서 다음 내용을 공부하기를 바란다.

가. 우리는 그리스도를 통해서만 참다운 의(義)를 얻을 수 있습니다(10:1-4)

형제들아 내 마음에 원하는 바와 하나님께 구하는 바는 이스라엘을 위함이니 곧 그들로 구원을 받게 함이라 내가 증언하노니 그들이 하나님께 열심이 있으나 올바른 지식을 따른 것이 아니니라 하나님의 의를 모르고 자기 의를 세우려고 힘써 하나님의 의에 복종하지 아니하였느니라 그리스도는 모든 믿는 자에게 의를 이루기 위하여 율법의 마침이 되시니라(10:1-4).

1. 바울 사도는 이스라엘 백성의 구원에 관해 어떤 마음을 갖고 있었는가? 이를 통해 우리는 어떤 교훈을 받을 수 있는가(10:1)?

2. 이스라엘 백성은 어떤 것을 위해 열심을 냈는가? 우리가 이를 통해 어떤 교훈을 받아야 하는지 서로 나누라. 또 우리는 어떤 일로 잘못 열심을 낼 수 있는지 서로 나누라. 특히 하나님의 말씀을 믿지 않거나 하나님의 주권을 도외시한 경우를 생각하면서 이 질문에 대해 서로의 경험을 나누라 (10:2-3).

3. 바울 사도는 예수 그리스도와 율법의 관계를 어떻게 설명했는가? 이를 우리 신앙생활에 적용했을 때 어떤 유익이 있는지 서로 나누라(10:4).

힌트1

> 4 절에서 "율법의 마침"(the end of the law)이란 율법의 '끝'(termination) 또는 '종착역' 내지는 '극치'라는 의미로 쓰였다. 우리 스스로는 이와 같은 율법을 완전히 성취할 수 없다는 점이 자명(自明)하다. 오직 그리스도를 믿음으로써만 하나님의 의에 이를 수 있다. 이와 같은 결과는 오직 은혜로만 가능하다. 따라서 그 어떤 사람도, 율법을 먼저 받은 유대인도 예외 없이 스스로 율법을 온전히 지킴으로써는 구원을 받을 수 없다. 이스라엘 백성은 이런 사실을 외면하고 거부했다. 반면에 그리스도를 믿는 우리에게는 그리스도께서

> 우리의 의(義)가 되어 주셨다. 어떤 율법의 행위로도 불가능한 것을 하나님께서는 주님을 믿는 우리에게 은혜로 말미암아 의롭다 함을 얻게 해 주셨다(엡 2:8-9).

나. 참 의(義)는 우리가 쉽게 받을 수 있는 곳에 있습니다(10:5-8)

모세가 기록하되 율법으로 말미암는 의를 행하는 사람은 그 의로 살리라 하였거니와 믿음으로 말미암는 의는 이같이 말하되 네 마음에 누가 하늘에 올라가겠느냐 하지 말라 하니 올라가겠느냐 함은 그리스도를 모셔 내리려는 것이요 혹은 누가 무저갱에 내려가겠느냐 하지 말라 하니 내려가겠느냐 함은 그리스도를 죽은 자 가운데서 모셔 올리려는 것이라 그러면 무엇을 말하느냐 말씀이 네게 가까워 네 입에 있으며 네 마음에 있다 하였으니 곧 우리가 전파하는 믿음의 말씀이라(10:5-8).

1. 바울 사도는 율법을 지킴으로써 하나님의 의를 얻으려는 사람에 대하여 모세가 무엇이라 말씀했다고 주장했는가? 이스라엘 백성은 자신들이 그처럼 중요시하는 모세가 율법의 참 의미에 대해 가르쳐 준 것조차 잘못 해석하고 어리석게도 이를 통해 의를 구하려고 했다. 우리도 자칫 잘못하면 그런 잘못을 범할 수 있다. 그 예를 들어 보라(10:5).

....

....

....

....

---

1 Everett F. Harrison, *Romans*, The Expositor's Bible Commentary, rev. ed (Grand Rapids: Zondervan, 1982), 110-11.

힌트[2]

> 바울 사도는 유대인들이 레위기 18:5 을 인용하여 율법을 지킴으로써 하나님의 의를 이룰 수 있다고 주장한 것이 얼마나 잘못된 생각이라는 점을 지적했다. 그 이유는 율법을 완전하게 지킬 사람은 어디에서도 존재하지 않고, 심지어는 율법을 먼저 받은 유대인에게도 불가능한 것이라는 점을 지적했다. 우리도 자칫 잘못하면 교회생활 그 자체나, 혹은 기독교 가정에서 태어난 것을 내세워서 자신이 하나님의 자녀가 되었다고 착각할 수 있다.

2. 하나님의 의는 우리가 그리스도를 믿음으로만 얻을 수 있다고 말씀했다. 바울 사도는 그 이유를 어떻게 설명하고 있는가? 우리가 의롭게 될 수 있는 이유에 대해 바울 사도는 어떻게 말씀하고 있는지 구체적으로 설명하라 (10:6-8).

....

....

....

....

---

2 Bruce, *Romans*, 190-91. 바울 사도는 유대인들이 레위기 18:5 을 근거로 주장한 대로라면 율법을 온전히 지킴으로써 하나님의 의를 이룬 사람만이 하나님 나라에 입문할 수 있다(눅 10:28)는 것에 대해 반박했다. 즉, 하나님 나라에 들어갈 수 있는 자격은 율법을 지킴으로써가 아니라 오직 믿음으로만 가능하다고 주장했다. 바르트(Karl Barth)에 의하면 오직 성육신하신 그리스도만이 온전히 하나님의 율법을 지키셨다고 주장했다. 심지어는 한 때 그렇게 완전히 율법을 준수했다는 바울 사도도 오직 사람들 눈에만 흠이 없어 보였지 하나님 앞에는 아니었다(빌 3:6). Karl Barth, *Church Dogmatics* II/2, trans. Geoffrey W. Bromiley and J. C. Campbell et al (Edinburgh: T&T Clark, 1957), 245.

힌트[3]

바울 사도는 신명기 30:11-14 을 근거로 하여 우리가 하나님의 의를 구하는 것은 하늘에 올라가는 행위나 음부에 내려가는 등 우리의 어떤 행위로 되는 것이 아니라고 말씀했다. 그것은 이미 그리스도께서 천국에서 내려오셔서 십자가에서 돌아가시고 사흘 만에 부활하심으로 완성해 놓으셨다. 그 사실이 하나님의 말씀으로 기록되었고, 우리는 그 말씀을 믿음으로 말미암아 하나님의 의를 얻을 수 있다.

① **그리스도를 모셔 내리려는 것(6 절)**: 이스라엘 백성들은 자신들이 율법을 완전히 지키면 메시아가 곧 오시리라고 잘못 알고 있었다. 이는 자신들의 노력으로 메시아를 오게 할 수 있다는 그릇된 생각을 깨우쳐 주기 위한 말씀이다.

② **음부에 내려가겠느냐(7 절)**: 그리스도께서 이미 음부에 내려가셔서 죽음을 완전히 맛보시고 부활하심으로써 구원받는 길을 온전히 성취해 놓으셨음을 의미한다. 하지만 이런 사실을 인정하지 않은 채 자신들이 음부에 내려감으로써(혹은 천국에 올라감으로써) 그리스도께서 십자가에서 단번에 이뤄 놓으신 것을 스스로 할 수 있다고 생각하는 것에 대한 반박으로 한 말씀이다.

---

3 "in their commentary on Romans, William Sanday and Arthur Headlem have treated Rom 10:6-8 as a proverbial allusion that uses much of the same wording as found in Deut 30:12-14, but changes both the subject and the message of that OT text: 'the context of the passage shows that there is no stress laid on the fact that the O.T. is being quoted.'" William Sandady 와 Arthrur Headlem 은 로마서 주석에서 10:6-8 을 일종의 속담처럼 사용한 내용이라 주장했다. 마치 신명기 30:12-14 에 나타난 내용이 주는 의미처럼 말이다. 다만 구약에 표기된 주제와 내용과는 전혀 달리 강조한 채 말이다. 더욱이 본문 내용을 보아 구약의 내용을 직접적으로 인용했다는 증거도 없다(필자 역). Ricard N. Longenecker, *The Epistle to the Romans*, The New International Greek Testament Commentary (Grand Rapids, Michigan: Eerdmans, 2016), 853; William Sanday, Arthur C. Headman, *Romans* (Edinburgh: T. & T. Clark, No Date), 289.

다. 참 의(義)를 얻기 위해서는 예수님을 시인해야 합니다(10:9-15)

네가 만일 네 입으로 예수를 주로 시인하며 또 하나님께서 그를 죽은 자 가운데서 살리신 것을 네 마음에 믿으면 구원을 받으리라 사람이 마음으로 믿어 의에 이르고 입으로 시인하여 구원에 이르느니라 성경에 이르되 누구든지 그를 믿는 자는 부끄러움을 당하지 아니하리라 하니 유대인이나 헬라인이나 차별이 없음이라 한 분이신 주께서 모든 사람의 주가 되사 그를 부르는 모든 사람에게 부요하시도다 누구든지 주의 이름을 부르는 자는 구원을 받으리라 그런즉 그들이 믿지 아니하는 이를 어찌 부르리요 듣지도 못한 이를 어찌 믿으리요 전파하는 자가 없이 어찌 들으리요 보내심을 받지 아니하였으면 어찌 전파하리요 기록된 바 아름답도다 좋은 소식을 전하는 자들의 발이여 함과 같으니라 (10:9-15).

1. 바울 사도는 우리가 구원을 얻기 위하여 어떻게 해야 한다고 설명하고 있는지 그 내용을 요약하고, 이를 서로 나누라(10:9-11).

힌트

우리는 구원을 얻기 위해서 무엇보다도 다음과 같이 해야 한다.

① 예수님을 주로 시인해야 한다(10:9 상).

② 예수님께서 구원을 완성해 놓았음을 믿어야 한다(10:9 하).

③ "죽은 자 가운데서 살리신 것"을 믿어야 한다(10:10).

④ 주님을 믿는 자는 누구든지 구원을 받을 수 있다(10:11).

2. 바울 사도는 참 의(義)를 받을 수 있는 분이 누구라고 설명했는가 (10:12-13)?

3. 바울 사도는 사람들이 참된 의(義)를 얻게 되려면 우리가 어떻게 해야 한다고 말씀했는가? 이는 이스라엘에만 아니라 세상 모든 족속에게도 해당하는 말씀이다. 이를 위해 우리가 해야 할 일에 대해서도 서로 나누라 (10:14-15).

라. 모든 사람이 참된 의(義)를 받으려 하지 않습니다(10:16-21)

그러나 그들이 다 복음을 순종하지 아니하였도다 이사야가 이르되 주여 우리가 전한 것을 누가 믿었나이까 하였으니 그러므로 믿음은 들음에서 나며 들음은 그리스도의 말씀으로 말미암았느니라 그러나 내가 말하노니 그들이 듣지 아니하였느냐 그렇지 아니하니 그 소리가 온 땅에 퍼졌고 그 말씀이 땅 끝까지 이르렀도다 하였느니라 그러나 내가 말하노니 이스라엘이 알지 못하였느냐 먼저 모세가 이르되 내가 백성 아닌 자로써 너희를 시기하게 하며 미련한 백성으로써 너희를 노엽게 하리라 하였고 이사야는 매우 담대하여 내가 나를 찾지 아니한 자들에게 찾은 바 되고 내게 묻지 아니한 자들에게 나타났노라 말하였고 이스라엘에 대하여 이르되 순종하지 아니하고 거슬러 말하는 백성에게 내가 종일 내 손을 벌렸노라 하였느니라(10:16-21).

1. 바울 사도는 이스라엘 백성이 하나님의 말씀을 알고 있었는데도 믿지 않았다고 말씀했다. 그런 사람들을 향해 하나님께서는 어떻게 하셨는가에 대해 나누라. 이를 통해 우리는 그런 사람들을 위해 어떻게 해야 하는지를 서로 나누라(10:16-17).

2. 바울 사도는 이스라엘 백성이 참된 의(義)를 얻지 못한 것은 하나님의 말씀을 듣지 못했거나 알지 못해서 그런 것이 아니라고 말씀했다. 그럼 무엇 때문에 이스라엘 백성은 하나님의 뜻을 믿지 않았는가? 그들이 어떤 내용을 이미 알고 있었지만 거부하였다고 했는가(10:18-21)?

힌트

당신은 주님을 믿는가? 믿지 않는다면 당신이 주님께 나오는 것을 무엇이 가로막고 있는가? 이스라엘 백성들처럼 핑계를 대지 말고 조용히 주님 앞에 무릎을 꿇고 다음과 같이 고백하라.

예수님, 당신은 저의 주인이십니다. 당신께서는 저를 구원하시기 위해 제가 마땅히 받아야 할 형벌을 대신 십자가상에서 다 받으시고 죽으셨다가 부활하셨습니다. 저를 위해 이루어 놓으시고 저에게 은혜로 주시는 구원을 믿는 맘으로 받겠습니다. 아멘.

이 과를 마치면서

이 과를 마치면서 다음과 같은 질문을 해 보기 바란다.

- 내 생활 가운데에는 이스라엘 민족과 같이 주님을 거부하려는 태도가 없는가?
- 내가 알고 있는 잘못된 지식으로 인하여 하나님께서 은혜로 주시고자 하는 구원을 받지 못하고 교회 근처에서만 맴돌고 있지는 않은가?

만일 본인의 상태가 이렇다면 이를 즉시 자백하고 주님께 자신을 완전히 의탁하라. 그리고 주님께서 직접 성취해 놓으신 구원에 대하여 감사와 찬양을 드리라. 이스라엘 백성처럼 하나님의 말씀을 먼저 받고서도 이를 거부하는 어처구니없는 잘못을 재현하지 말기를 간절히 바란다.

이 장이야말로 하나님을 만나는 방법에 대해 가장 명확하게 말씀해 주고 있는 부분이다. 따라서 성경 중에서 가장 아름답고 귀중한 부분이기도 하다. 더 나아가서 우리가 이미 예수님을 믿고 구원을 받았다면 어떻게 전도(또는 선교)를 해야 할지도 눈을 뜨게 해 준다. 이스라엘 백성처럼 하나님의 말씀이 그들의 입가에까지 다가가 있는 사람들이 있는가 하면, 하나님의 말씀을 한 번도 듣지 못한 사람들도 이 세상에는 허다하다. 그런 사람들에게 하나님의 말씀을 가까이할 수 있게 전해 줌으로써 이들이 마음을 열고 그 입으로 하나님을 믿는다고 시인할 수 있게 해 주는 일만큼 아름답고 귀중한 일은 이 세상에 없을 것이라는 사실을 이 본문을 통해서 우리는 알 수 있다. 하루속히 그런 사실을 세상 모든 사람에게 알려서 그들도 구원의 기쁨을 누리게 해야 하겠다.

나의 기도

하나님 아버지, 이스라엘 백성이 하나님의 선택과 임재(臨齋)를 경험했음에도 불구하고 이들은 자신들의 전통과 경험을 중시하고 예수 그리스도를 거부했습니다. 입으로 시인만 하면 하나님의 자녀가 될 수 있었음에도 역사적으로 조상 때부터 받아온 특권만을 내세웠습니다. 우리도 그렇게 되지 말라는 법이 없습니다. 한국교회가 이스라엘 백성이 걸어온 길을 가지 않게 깨닫게 해 주시기를 바랍니다. 저희 한 사람 한 사람이 그렇게 되지 않게 해주시기를 바랍니다. 오히려 이 말씀을 세상 모든 족속에게 하루속히 전할 수 있게 해주시기를 바랍니다. 예수님의 이름으로 기도합니다. 아멘.

3

하나님의 약속과 이스라엘의 회복

로마서 11:1-36

과연 이스라엘 백성들의 "고집과 회개하지 아니한 마음"(롬 2:5)이 하나님의 약속을 파기시키는 결과를 초래했을까? 11 장에서는 그와 같은 중대한 질문에 대해 다루고 있다. 즉, 하나님 언약(言約)의 불변성(不變性)에 대한 도전에 관해 본문에서 다음과 같이 명확한 해답을 제시했다.

① 이스라엘의 남은 자들의 예를 통하여(11:1-10)

② 이스라엘에 대한 하나님의 언약이 불변성을 통하여(11:11-24)

③ 하나님의 계획의 불변성을 통하여(11:25-36)

우리가 믿는 하나님은 바로 이처럼 약속을 지키시는 신실하신 하나님이시다. 하나님께서는 아무리 부족하고 불순종했어도 이스라엘 백성(우리 포함)을 잡으신 손을 절대 놓지 않으시는 하나님이시다(요

10:28-30). 이방인인 우리가 구원을 받은 것도 하나님의 신실하심 때문에 가능했다.

① 하나님께서는 주권적으로 우리를 선택하시고(9 장),
② 우리가 은혜로 믿을 수 있게 말씀을 주셨고(10 장),
③ 약속하신 것을 신실하게 이행하심으로써 우리를 구속(救贖)하셨다.
④ 이스라엘 백성도 예외가 아니다.

하나님께서 지금까지 이방인을 위해 긍휼을 베푸셨다면 앞으로는 선민인 이스라엘 백성을 향해서 더욱더 긍휼을 베푸실 것이다. 비록 그들이 하나님의 말씀을 잘못 이해하고 한시적으로 하나님께서 보내주신 주님을 거부했지만, 하나님께서는 그들을 향해서도 맺은 언약을 지키실 것이다. 하나님께서 이방인을 향해 구속의 손길을 내미신 것같이 정하신 때에 이스라엘 백성을 향해서도 거국적으로 긍휼을 베푸실 것이다. 이런 모든 구속에 관한 일은 즉흥적으로 된 것이 아니라, 창세 전부터 하나님께서 이미 예정해 놓으신 대로 이루어질 것이다(엡 3:1-6).

비록 이스라엘 백성은 한시적으로나마 불순종하여 구속받지 못했지만 대신 이방인인 우리에게 하나님의 선택을 받는 기회가 주어졌다. 예수 그리스도를 배척한 이스라엘 백성은 일시적으로 하나님께서 선택해 주신 혜택을 누리지 못하고 있다. 하지만 앞으로 이스라엘 백성에게는 기회가 또 있다. 환란 중에 이들은 거족적(擧族的)으로 자신들의 잘못을 회개하고 예수 그리스도를 구주와 주인으로 받아들이게 될 것이다. 그날 이후 그들도 우리와 함께 주님의 존전에서 영원토록 어린 양 되시는 주님께 영광과 찬송을 드리게 될 것이다. 그런 날이 속히 올 것이라 기대하며 이 소식을 하루속히 세상 모든 족속에게 알리기를 바라는 마음으로 이 과를 공부하기를 바란다.

가. 하나님은 신실하시다(11:1-10)

그러므로 내가 말하노니 하나님이 자기 백성을 버리셨느냐 그럴 수 없느니라 나도 이스라엘인이요 아브라함의 씨에서 난 자요 베냐민 지파라 하나님이 그 미리 아신 자기 백성을 버리지 아니하셨나니 너희가 성경이 엘리야를 가리켜 말한 것을 알지 못하느냐 그가 이스라엘을 하나님께 고발하되 주여 그들이 주의 선지자들을 죽였으며 주의 제단들을 헐어 버렸고 나만 남았는데 내 목숨도 찾나이다 하니 그에게 하신 대답이 무엇이냐 내가 나를 위하여 바알에게 무릎을 꿇지 아니한 사람 칠천 명을 남겨 두었다 하셨으니 그런즉 이와 같이 지금도 은혜로 택하심을 따라 남은 자가 있느니라(11:1-5).

만일 은혜로 된 것이면 행위로 말미암지 않음이니 그렇지 않으면 은혜가 은혜 되지 못하느니라 그런즉 어떠하냐 이스라엘이 구하는 그것을 얻지 못하고 오직 택하심을 입은 자가 얻었고 그 남은 자들은 우둔하여졌느니라 기록된 바 하나님이 오늘까지 그들에게 혼미한 심령과 보지 못할 눈과 듣지 못할 귀를 주셨다 함과 같으니라 또 다윗이 이르되 그들의 밥상이 올무와 덫과 거치는 것과 보응이 되게 하시옵고 그들의 눈은 흐려 보지 못하고 그들의 등은 항상 굽게 하옵소서 하였느니라 (11:6-10).

1. 바울 사도는 어떤 증거로 하나님께서 이스라엘 백성을 버리시지 않으셨다고 주장했는가(11:1)?

2. 바울 사도는 엘리야의 예를 통하여 무엇이라고 말씀하였는지 요약해 보고, 이를 통해 우리가 얻을 수 있는 교훈에 대해 서로 나누라(11:2-5).

힌트[1]

> 이스라엘 백성이 아무리 하나님의 언약을 배반했어도 그중에는 늘 소수의 신실한 하나님의 택하신 남은 자(Remnant)들이 있었다. 우리는 이를 통해 하나님은 결코 이스라엘 백성을 완전히 버리지 않으실 것이라고 믿는다. 하나님께서는 한 번 택하신 것을 번복하지 않으신다. 우리가 믿는 하나님은 그처럼 약속을 지키시는 신실하신 분이시다.

3. 하나님께서 은혜로 우리를 구원하신 것처럼 이스라엘 백성도 은혜로 구원하신다는 것을 본문에서 명확하게 설명했다. 문제는 이런 은혜를 이스라엘 백성이 거부한 것이다. 이에 대해 자신들의 의견과 얻은 교훈을 서로 나누라(11:6-7).

---

1 Harrison, *Romans*, 216.

4. 바울 사도는 현재 이스라엘 백성이 그리스도를 배척하고 있는 것에 대해 어떻게 설명했는가(11:8-10)?

나. 하나님의 약속은 변하지 않는다(11:11-24)

그러므로 내가 말하노니 그들이 넘어지기까지 실족하였느냐 그럴 수 없느니라 그들이 넘어짐으로 구원이 이방인에게 이르러 이스라엘로 시기나게 함이니라 그들의 넘어짐이 세상의 풍성함이 되며 그들의 실패가 이방인의 풍성함이 되거든 하물며 그들의 충만함이리요 내가 이방인인 너희에게 말하노라 내가 이방인의 사도인 만큼 내 직분을 영광스럽게 여기노니 이는 혹 내 골육을 아무쪼록 시기하게 하여 그들 중에서 얼마를 구원하려 함이라 그들을 버리는 것이 세상의 화목이 되거든 그 받아들이는 것이 죽은 자 가운데서 살아나는 것이 아니면 무엇이리요(11:11-15).

제사하는 처음 익은 곡식 가루가 거룩한즉 떡덩이도 그러하고 뿌리가 거룩한즉 가지도 그러하니라 또한 가지 얼마가 꺾이었는데 돌감람나무인 네가 그들 중에 접붙임이 되어 참감람나무 뿌리의 진액을 함께 받는 자가 되었은즉 그 가지들을 향하여 자랑하지 말라 자랑할지라도 네가 뿌리를 보전하는 것이 아니요 뿌리가 너를 보전하는 것이니라 그러면 네 말이 가지들이 꺾인 것은 나로 접붙임을 받게 하려 함이라 하리니 옳도다 그들은 믿지 아니하므로 꺾이고 너는 믿으므로 섰느니라 높은 마음을 품지 말고 도리어 두려워하라(11:16-20).

> 하나님이 원 가지들도 아끼지 아니하셨은즉 너도 아끼지 아니하시리라 그러므로 하나님의 인자하심과 준엄하심을 보라 넘어지는 자들에게는 준엄하심이 있으니 너희가 만일 하나님의 인자하심에 머물러 있으면 그 인자가 너희에게 있으리라 그렇지 않으면 너도 찍히는 바 되리라 그들도 믿지 아니하는 데 머무르지 아니하면 접붙임을 받으리니 이는 그들을 접붙이실 능력이 하나님께 있음이라 네가 원 돌감람나무에서 찍힘을 받고 본성을 거슬러 좋은 감람나무에 접붙임을 받았으니 원 가지인 이 사람들이야 얼마나 더 자기 감람나무에 접붙이심을 받으랴(11:21-24).

1. 하나님은 신실하시다. 따라서 하나님은 약속을 어기지 않으신다. 그런데도 이스라엘은 약속을 어겼다.[2] 이는 이방인과 이스라엘에게 어떤 결과를 초래했으며 앞으로 이스라엘은 어떻게 될 것이라고 하나님께서 말씀하셨는가(11:11-12)?

2 Longenecker, *The Epistle to the Romans*, 884. Longenecker에 의하면 바울 사도는 이스라엘이 자신에게 맡겨진 제사장 나라로서 책임을 다하지 못한 것을 다음 4가지 사실로 제시했다. 이를 요약하면 다음과 같다. ① 이스라엘이 한시적으로 하나님의 은혜를 받지 못하고 오히려 걸림돌이 되었다. ② 이스라엘이 하나님께서 보내주신 메시아를 한시적으로 거부한 점은 이방인이 대신 구원받는 기회가 되었다. ③ 하나님께서 이방인을 받아 주시는 것이 이스라엘을 질투하도록 만들었다. ④ 만일 이방인의 일부(remnant)가 구원을 받아 한시적인 축복을 누릴 수 있었다면 이스라엘 민족이 미래에 하나님께 돌아왔을 때 얼마나 더욱더 풍성한 은혜를 하나님께 받게 될 것인가.

2. 불순종한 이스라엘 백성에 대한 변함없는 하나님의 사랑은 바울 사도의 애끊는 호소를 통해 잘 표현되었다. 그런 바울 사도의 태도를 보면서 우리 민족의 구원에 대해 우리가 어떤 태도를 보여야 하는가에 대해 깨달은 바를 서로 나누라(11:13-14).

3. 돌감람나무에 해당하는 이방인의 위치를 바울 사도는 어떻게 묘사하고 있는가(11:15-22)?

4. 바울 사도는 참감람나무로 비유된 이스라엘 민족의 미래가 어떻게 될 것이라고 말씀했는가(11:23-24)?

다. 하나님의 계획은 변하지 않는다(11:25-36)

형제들아 너희가 스스로 지혜 있다 하면서 이 신비를 너희가 모르기를 내가 원하지 아니하노니 이 신비는 이방인의 충만한 수가 들어오기까지 이스라엘의 더러는 우둔하게 된 것이라 그리하여 온 이스라엘이 구원을 받으리라 기록된 바 구원자가 시온에서 오사 야곱에게서 경건하지 않은 것을 돌이키시겠고 내가 그들의 죄를 없이 할 때에 그들에게 이루어질 내 언약이 이것이라 함과 같으니라 복음으로 하면 그들이 너희로 말미암아 원수 된 자요 택하심으로 하면 조상들로 말미암아 사랑을 입은 자라 하나님의 은사와 부르심에는 후회하심이 없느니라(11:25-29).

너희가 전에는 하나님께 순종하지 아니하더니 이스라엘이 순종하지 아니함으로 이제 긍휼을 입었는지라 이와 같이 이 사람들이 순종하지 아니하니 이는 너희에게 베푸시는 긍휼로 이제 그들도 긍휼을 얻게 하려 하심이라 하나님이 모든 사람을 순종하지 아니하는 가운데 가두어 두심은 모든 사람에게 긍휼을 베풀려 하심이로다 깊도다 하나님의 지혜와 지식의 풍성함이여, 그의 판단은 헤아리지 못할 것이며 그의 길은 찾지 못할 것이로다 누가 주의 마음을 알았느냐 누가 그의 모사가 되었느냐 누가 주께 먼저 드려서 갚으심을 받겠느냐 이는 만물이 주에게서 나오고 주로 말미암고 주에게로 돌아감이라 그에게 영광이 세세에 있을지어다 아멘(11:30-36).

1. 비록 이스라엘 백성이 불순종하였지만, 하나님의 계획은 변하지 않았다. 하나님의 신실하심은 영원한 것이며 이스라엘에 대한 하나님의 계획도 그런 하나님의 성품을 잘 나타내 주고 있다. 따라서 앞으로 일어날 일들을 통해 이런 사실이 더 명확해질 것이라고 말씀하였다. 앞으로 일어날 일 중에 어떤 것이 이런 사실을 입증해 줄 것인지 서로 나누라(11:25-27).

2. 하나님의 절대 주권과 신실성에 관련된 내용은 우리가 쉽게 이해할 수 있는 것은 아닌 것 같다. 하지만 11:29 에서 마침내 그 해답의 실마리를 찾아볼 수 있다. 본문을 통해 어떤 점을 깨달았는지를 서로 나누라(11:28-32).

3. 이상과 같은 내용을 생각하며 바울 사도는 하나님의 지혜와 은혜와 선하심에 대하여 말로 다 형언할 수 없음을 고백했다. 이에 대해 하나님께 감사기도를 드리기 바란다(11:33-36).

이 과를 마치면서

바울 사도는 로마에 있는 이스라엘 백성과 이방인 중에 주님을 믿은 사람들이 그리스도 안에서 하나가 되어야 하는데 이런 기대와는 반대로 이 둘 사이에 불협화음이 있다는 소식을 들었던 것 같습니다. 그래서 이 점에 대해 로마교회에 도움이 되는 말씀을 전하기 원했을 것입니다. 하지만 본문을 통해 바울 사도는 당면 문제보다 훨씬 더 근본적이고 심오한 사실에 대해 다루었습니다. 우리의 구원은 하나님의 주권적인 선택으로 결정되는 것이지, 어떤 인간적인 노력이나 민족적인 우월성에 의해 된 것이 아님을 명확하게 제시했습니다.

하나님께서는 이스라엘 백성도 사랑하시지만, 이방인들도 처음부터 사랑하셨습니다. 이 사실로부터 시작하여 이스라엘 백성의 일시적인 불순종이 하나님의 주권적인 언약을 파기하지 못할 뿐만 아니라, 하나님께서 약속을 어기실 의향도 전혀 없다는 점을 분명히 밝혀 주셨습니다. 이로써 우리가 하나님의 성품과 구속사(救贖史) 전반에 걸친 하나님의 의도에 대해 엿볼 수 있게 해 주셨습니다. 결국 로마서 1-8 장까지의 내용에 대해 또 다른 각도에서 보충 설명을 해 주신 것입니다. 이 내용이 너무 심오해서 다음과 같은 기도로밖에 달리 표현할 수가 없음을 고백합니다.

나의 기도

하나님 아버지, 이 본문 덕분에 우리는 하나님의 장엄하심과 불변하시는 계획을 마치 천국을 가리고 있는 커튼 틈을 통해 보듯이 아주 잠깐 볼 수 있게 되었습니다. 하나님께서 이스라엘에 대한 약속을 어기지 않으심은 곧 우리를 향한 신실성에 대해서도 변함이 없다는 뜻으로 우리가 받아들여도 될 것이라는 점도 알게 되었습니다. 또 우리가 구원받은 것이 창세전부터 삼위일체 하나님의 역사로 된 것이지, 단순히 인간의 요구에 부응하신 것만이 아니라는 점도 익히 알게 되었습니다. 이런 하나님의 성품에 입각한 하나님의 통치 아래 우리가 지금 살고 있다는 사실도 본문을 통해 깨달았습니다. 우리는 불확실한 역사의 흐름에 자신들을 맡기고 흘러 떠내려가는 존재들이 아니라, 하나님의 계획과 통치 가운데 있다는 사실도 다시 재확인할 수 있었습니다. 이를 통해 우리가 하나님의 심오한 지혜와 권능과 영광에 대해 바울 사도가 한 것처럼 깊이깊이 가슴 속에 느끼고 전능하신 하나님 아버지께 감사와 찬양을 드립니다. 맘껏 경배를 드리고, 예배드리고, 환호하고, 찬송합니다. 이 순간에도 전능하시고 불변하시는 하나님이 저희 한 사람 한 사람을 포함해 온 우주를 보호하시고 통치하십니다. 이 소식은 마땅히 세상 모든 족속이 들어야 합니다. 이를 위해 하나님께 평생 충성을 다할 것을 고백합니다. 예수님의 이름으로 기도합니다. 아멘.

제 2 부

그리스도인의 생활

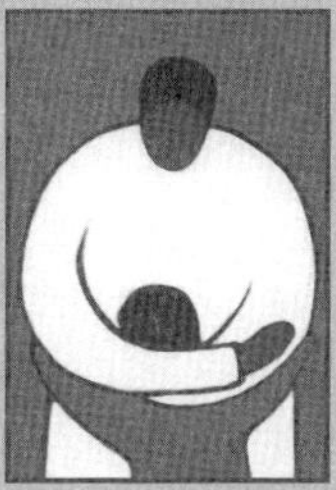

4

그리스도인의 지체(肢體) 생활

로마서 12:1-21

바울 사도는 "그러므로"라는 말로 1-11 장 내용과 12 장 이후의 내용을 연결하고 있다. 또 다른 한편으로 볼 때 1-11 장을 "하나님의 모든 자비하심"이라는 말로 요약할 수도 있다.[1] 하나님께서 우리에게 긍휼을 먼저 베푸셔서 우리를 하나님의 자녀로 삼으셨으므로 우리 자신을 하나님께 "산 제물"로 드릴 수 있게 되었다. 그와 같은 제사는 마비된 죽은 제사가 아니라, 자신이 원하여 하나님께 드리는 살아 있는 제사이다. 이는 자신의 삶과 자신의 자원을 하나님께 드려서 주님께 영광을 돌리는 것을 의미한다.

이를 달리 표현한다면 우리가 하나님께 '헌신'해야 마땅하다는 의미로 볼 수도 있다. 모든 정상적인 그리스도인은 그렇게 자신을 하나님께 헌신하지 않고서는 제대로 된 신앙생활을 한다고 할 수가 없다. 제자훈련도 그런 헌신이 없이는 제대로 될 수 없다. 이러한 헌신의 의미는 6-7 장에 기록된 말씀대로 우리가 주님과 함께 십자가에서 죽고,

주님이 부활하셨을 때 우리도 주님과 함께 부활한 것으로 여기며, 그 후부터는 죄를 거부하고 주님께 순종하는 삶을 살아가기로 결심하는 것이다.

또 "아무든지 나를 따라오려거든 자기를 부인하고 자기 십자가를 지고 나를 좇으라"(마 16:24)는 주님의 명령도 이러한 헌신이 없이는 순종할 수 없을 것이다. 또한 8장에서 말씀하고 있는 성령님을 통해 이뤄지는 삼위일체 하나님의 도우심이 없이는 더더욱 불가능한 삶이다. 하지만 "하나님은 하시나니"(8:3-4)라고 하신 말씀은 우리의 헌신에 따라 불가능을 가능케 하신다는 의미이다.

더 나아가서 9-11장에서 언급된 주님의 주권을 인정하고 주님께 우리 자신을 드림으로써 전적으로 순종할 때, 우리의 헌신은 말로만 하는 것이 아니라 실생활 중에 주님께 순종하는 모습으로 나타날 것이다. 이런 모든 사실을 고려해 보았을 때 "하나님의 모든 자비하심"이라는 내용 가운데 함축된 하나님의 은혜가 우리 가운데 계속 부어지지 않는다면 이 장에서 말씀하고 있는 헌신이나 이를 통해 이뤄지는 지체(肢體)의 생활(the body life)[2]도 제대로 이뤄지지 못할 것이다.

그러나 성령님께서는 우리를 절대로 포기하지 않으시고 하나님 아버지와 아들과 함께 모든 자비하심을 베푸심으로써 우리가 우리 자신을 산 제물로 드리는 것을 가능케 하신다. 이로써 우리가 주님의 몸인 교회 공동체 생활도 잘할 수 있게 해 주신다. 이런 사실들을 생각하면서 이 과를 공부하기 바란다.

---

1 Longenecker, *The Epistle to the Romans*, 918-19. Longenecker는 바울 사도가 앞에서 언급한 하나님의 사랑, 자비하심, 그리고 은혜로 구원해 주신 세 단원(1:16-4:25, 5:1-8:39, 9:1-11:33)을 염두에 두고 첫 구절을 기록했다고 주장했다.

2 Ray C. Stedman, *Body Life*, Kindle ed. (Grand Rapids: Discovery House Publishers, 1995), 228. "Body Life–the amazing energy and empowerment God gives to His people when they live in close loving, caring community with Him and one another." 교회의 지체 생활–하나님의 백성이 친밀한 사랑과 상호 보호함과 주님과 함께 하는 공동체로서의 삶을 살 때 신기한 에너지와 함께 능력을 하나님께서 부어 주신다(필자 역).

가. 우리는 하나님의 모든 자비하심을 힘입어 헌신할 수 있다(12:1-2)

그러므로 형제들아 내가 하나님의 모든 자비하심으로 너희를 권하노니 너희 몸을 하나님이 기뻐하시는 거룩한 산 제물로 드리라 이는 너희가 드릴 영적 예배니라 너희는 이 세대를 본받지 말고 오직 마음을 새롭게 함으로 변화를 받아 하나님의 선하시고 기뻐하시고 온전하신 뜻이 무엇인지 분별하도록 하라(12:1-2).

1. 우리가 하나님께 자신을 산 제물(헌신)로 드려야 할 이유와 조건들에 대해 본문은 말씀하고 있다. 이를 서로 나누고 서로가 이를 실생활 가운데 적용하며 살 수 있기 위해 기도하라(12:1).

2. 헌신(산 제물로 드리는 것)은 단번에 이뤄지기도 한다. 하지만 그 후에 계속 이를 위해 순종하여 더 깊은 차원으로 들어가야 한다. 우리가 구체적으로 어떻게 해야 한다고 말씀하고 있는가(12:2)?

힌트

> 그리스도인은 반드시 주님께 헌신해야 한다. 이는 그리스도께서 우리 대신 모든 진노를 십자가에서 받으심으로써 우리가 하나님의 소유가 되도록 우리를 구속(救贖)해 놓으셨기 때문이다. 하지만 하나님께서는 강제로 우리에게 헌신을 요구하지 않는다. 우리 스스로 자신을 드려 하나님께 영광 돌리기를 원하신다.
>
> 헌신한 사람들은 최소한 두 가지 차원에서 이를 끊임없이 이행해야 한다. 첫째, 이 세대(유행, 풍조, 가치관 등)를 끝까지 거부해야 하고, 둘째, 계속해서 변화를 받아 항상 새롭게 돼야 한다. 따라서 헌신한 사람들에게는 계속 거부하는 면과 계속 새롭게 되는 양면이 있게 마련이다. 이런 과정은 아마도 평생에 걸쳐서 이뤄지게 될 것이다. 우리가 그리스도의 형상을 닮게 되기까지 쉬지 않고 일어나게 될 것이다. 그러나 이 과정은 정상적인 그리스도인의 생활과 성숙의 과정이다. 이상의 사실에 비춰 볼 때 당신은 그리스도께 자신을 헌신한 경험이 있는가? 이 공부를 하면서 자신의 신앙 상태를 점검해 보는 것이 필요하다.
>
> 구원은 단번에 받는다. 헌신도 단번에 한다. 그러나 그다음의 성숙 과정은 지속해서 평생 이루어지는 것이다. 곧 죄에 자신을 드리지 않고 변화를 받아 새롭게 되는 것과 하나님의 선하시고 기뻐하시고 온전하신 뜻을 분별하여 하나님께 자신을 드리는 일은 평생 계속된다.

나. 헌신한 사람들은 지체들(공동체)을 위해 살아가야 한다(12:3-8)

내게 주신 은혜로 말미암아 너희 각 사람에게 말하노니 마땅히 생각할 그 이상의 생각을 품지 말고 오직 하나님께서 각 사람에게 나누어 주신 믿음의 분량대로 지혜롭게 생각하라 우리가 한 몸에 많은 지체를 가졌으나 모든 지체가 같은 기능을 가진 것이 아니니 이와 같이 우리

많은 사람이 그리스도 안에서 한 몸이 되어 서로 지체가 되었느니라 (12:3-5).

우리에게 주신 은혜대로 받은 은사가 각각 다르니 혹 예언이면 믿음의 분수대로, 혹 섬기는 일이면 섬기는 일로, 혹 가르치는 자면 가르치는 일로, 혹 위로하는 자면 위로하는 일로, 구제하는 자는 성실함으로, 다스리는 자는 부지런함으로, 긍휼을 베푸는 자는 즐거움으로 할 것이니라(12:6-8).

1. 본문에서 "믿음의 분량대로" 은사를 활용해야 한다는 뜻은 무엇을 의미한다고 생각하는가? 각자 받은 은사나 능력에는 차이가 있을 것이다. 각자 자신의 믿음의 역량에 맞게 은사를 사용하고 있는지 서로 나누라(12:3).

힌트

> 하나님께서는 하나님의 뜻대로 살기 원하는 사람들에게 적절한 능력과 은사를 주신다. 각자 자신이 받은 능력과 은사에 따라 성도들을 섬기게 된다. 이때 자신의 분량대로 주님의 일을 행해야 한다.[3]

[3] Harrison, *Romans*, 129. 성도들의 거룩한 삶과 순전한 헌신은 모든 그리스도인에게 똑같이 적용되는 하나님의 뜻이다. 하지만 각자 맡아서 할 역할은 다르다. 특히 각자 받은 영적 은사는 다양하다. 다만 이런 은사를 어떻게 사용하는가에 대해서는 최대한 겸허하게 사용해야 한다고 바울 사도는 경고했다. 본문에서 말하는 '믿음의 크기'란 믿음의 용량이 얼마나 되는가와 같은 의미로 볼 수 있다.

2. 우리에게는 각각 우리에게 맞는 은사가 있다. 그런 은사는 다 각각 다를 수 있으며, 이를 잘 활용할 때 모두가 상호보완이 된다. 과연 우리가 그런 마음을 가지고 은사를 사용하고 있는지 서로를 위해 점검해 보라(12:4-5).

3. 본문에 나와 있는 은사들을 간단히 설명하라. 이런 은사들을 현대적인 용어로 바꾸어서 설명하고 아래 도표에 서로의 점수를 매겨 보라. 예언의 경우 하나님의 말씀을 잘 알 수 있게 풀어서 알지 못했던 면을 알도록 해 주는 것이 한 가지 예이다(12:6-8).

은사의 종류	사역의 성격	나의 은사 테스트									
① 예언	믿음의 분수대로 할 것	1	2	3	4	5	6	7	8	9	10
② 섬기는 일	섬기는 일로 할 것	1	2	3	4	5	6	7	8	9	10
③ 가르치는 일	가르치는 일을 할 것	1	2	3	4	5	6	7	8	9	10
④ 위로하는 일	위로하는 일을 할 것	1	2	3	4	5	6	7	8	9	10
⑤ 구제	성실함으로 할 것	1	2	3	4	5	6	7	8	9	10
⑥ 다스리는 일	부지런함으로 할 것	1	2	3	4	5	6	7	8	9	10
⑦ 긍휼	즐거움으로 할 것	1	2	3	4	5	6	7	8	9	10

힌트[4]

> 모든 하나님의 자녀에게는 최소한 한 가지 이상의 은사가 있다. 우리가 그 은사를 가장 겸손한 마음과 사랑의 표현으로 다른 지체들을 위하여 사용할 때 그 공동체나 교회는 하나님의 임재하심을 느끼는 곳이 될 것이다. 이로써 서로 영적인 도움을 주고받는 경험을 하게 될 것이다. 교인들이 이렇게 은사를 사용하는 교회나 공동체일수록 은혜가 넘치고 치유의 역사도 일어나게 될 것이다. 본문에 나타난 목록 중에 자신에게 가장 많은 점수를 줄 수 있는 은사는 어떤 것인가를 점검해 보고 이를 서로 나누어 보라. 또한 다른 사람들의 평가를 듣고 자신의 은사를 어떻게 사용할 것인가 새롭게 결심하기를 바란다.

다. 헌신한 사람들은 서로를 인격적으로 대해야 한다(12:9-21)

사랑에는 거짓이 없나니 악을 미워하고 선에 속하라 형제를 사랑하여 서로 우애하고 존경하기를 서로 먼저 하며 부지런하여 게으르지 말고 열심을 품고 주를 섬기라 소망 중에 즐거워하며 환난 중에 참으며 기도에 항상 힘쓰며 성도들의 쓸 것을 공급하며 손 대접하기를 힘쓰라 너희를 박해하는 자를 축복하라 축복하고 저주하지 말라 즐거워하는 자들과 함께 즐거워하고 우는 자들과 함께 울라(12:9-15).

서로 마음을 같이하며 높은 데 마음을 두지 말고 도리어 낮은 데 처하며 스스로 지혜 있는 체 하지 말라 아무에게도 악을 악으로 갚지 말고 모든 사람 앞에서 선한 일을 도모하라 할 수 있거든 너희로서는 모든 사람과 더불어 화목하라 내 사랑하는 자들아 너희가 친히 원수를 갚지 말고 하나님의 진노하심에 맡기라 기록되었으되 원수 갚는 것이 내게

---

4 바울 사도는 본문에서 은사의 목록을 제시했지만, 전체를 다 제시하지는 않았다. 다만 선별적으로 했으며 영적 은사는 자연적인 재능을 의미하지 않고 성령께서 역사하심으로써 주어지는 특별한 영적 능력을 의미한다. 위의 은사 목록을 참고하고, 더 자세한 것은 Harrison, *Romans*, 130-31 을 참고할 것.

있으니 내가 갚으리라고 주께서 말씀하시니라 네 원수가 주리거든 먹이고 목마르거든 마시게 하라 그리함으로 네가 숯불을 그 머리에 쌓아 놓으리라 악에게 지지 말고 선으로 악을 이기라(12:16-21).

1. 그리스도인들은 서로는 물론이고 외부인들을 어떻게 대접하라고 했는가? 지금까지 각자 실생활을 통해 어떻게 서로를 대했는가를 아래 도표에 표시해 보기 바란다. 잘하고 있는 부분에는 높은 점수를 주고, 고쳐야 할 부분은 작은 점수에 표시하고, 앞으로 서로 잘할 수 있도록 격려해 주기 바란다(12:9-13).

본문 내용	평가										결심
① 순수한 사랑(9 절)	1	2	3	4	5	6	7	8	9	10	
② 형제 우애(10 절)	1	2	3	4	5	6	7	8	9	10	
③ 겸손과 존경(10 절)	1	2	3	4	5	6	7	8	9	10	
④ 열심을 품고 주를 섬김(11 절)	1	2	3	4	5	6	7	8	9	10	
⑤ 소망 중 즐거워함(12 절)	1	2	3	4	5	6	7	8	9	10	
⑥ 환난 중 인내(12 절)	1	2	3	4	5	6	7	8	9	10	
⑦ 지속적인 기도생활(12 절)	1	2	3	4	5	6	7	8	9	10	
⑧ 성도들을 도와줌(13 절)	1	2	3	4	5	6	7	8	9	10	
⑨ 손 대접을 잘함(13 절)	1	2	3	4	5	6	7	8	9	10	

2. 성도들은 교회 공동체 내에서나 세상에서 어떤 원리에 따라 대인관계를 가져야 하는가? 자신의 삶 가운데 어떻게 이를 적용할 것인가 서로 나누기 바란다(12:14-16).

3. 우리가 악을 행하는 사람들에 대하여 가질 태도와 그 결과에 대해서도 나누고, 일반적으로 우리는 어떤 원리에 따라서 대인관계를 가져야 할 것인가에 대해서도 나누기 바란다(12:17-21).

이 과를 마치면서

이 과의 본문은 빌립보서 2:5-11을 연상케 한다. 이 부분은 주님의 지상에서의 삶을 가장 잘 표현한 것 중에 하나로서 우리의 삶의 모범이 된다. 이 과의 본문 내용도 그런 주님의 모범이 우리의 실생활 가운데 어떻게 나타나야 하는가에 대해 잘 보여주고 있다. 우리는 자신을 십자가에 못박고 살아계신 주님과 연합된 삶을 살아야 비로소 그리스도의 발자취를 좇아갈 수 있다. 교회 공동체 가운데서나 외인들을 향해 이렇게 사는 모습을 보여줄 때 사람들은 우리를 통해 주님을 더 잘 볼 수 있게 될 것이다.

반면에 우리가 교만하게 행동하며 서로에 대해 비하(卑下)하며 싸움을 그치지 않을 때 사람들은 주님을 믿는 것이 다 부질없다고 생각하게 될 것이다. 그런 면에서 본문은 우리의 영성의 지표(指標)가 된다고 볼 수 있다. 본문의 지침에 따라 사는 사람들이 주님을 믿는 공동체인 교회마다 차고 넘쳐서 이들을 보고 감동하는 일들이 세상 모든 족속 가운데 하루속히 일어나야 하겠다.

하나님의 성품은 마치 우리 영혼의 거울과 같다. 우리는 거기에 우리 자신들을 매일 비추어 보고 그 모범을 좇아 살아야 한다. 여기에 자신을 비추어 보았을 때 꼭 발전시켜야 할 점들을 발견하게 될 것이다. 이를 주기적으로 한두 가지씩만 적어보고 이를 실천하기 위한 계획을 세우고 이를 위해 기도하며 최선을 다해 실천하기 바란다. 그 결과 우리는 세상 사람들의 도덕적 거울의 역할을 하게 될 것이다.

나의 기도

하나님 아버지, 본문 내용대로 생활하는 교회 공동체나 개인들의 모습을 마음속으로 그려 볼 때 참으로 아름답고 귀하게 여겨집니다. 하지만 현실은 그런 모습과 너무 차이가 납니다. 본문이 그려주는 모습보다는 다툼과 요란함과 질투와 시기가 넘치는 경우를 우리끼리만 아니라 세상 사람들에게까지도 종종 보이게 됩니다. 그래도 우리는 포기하지 않을 것입니다. 원래 죄인들이기 때문에 시간이 걸려서야 비로소 본문의 내용이 우리 삶 가운데 나타날 것입니다. 이를 위해 우리는 포기하지 않고 최선을 다할 것입니다. 세상 모든 족속 가운데 그렇게 사는 주님의 마음을 가진 공동체들이 우후죽순처럼 솟아오르기까지 우리는 절대 포기하지 않고 정진할 것입니다. 무엇보다도 먼저 저희가 그렇게 살겠습니다. 우리에게 주신 은사를 활용하여 지체들을 돕고, 본문에 나타난 대로 서로를 대접하여 지상에 있는 천국 파견소의 모습을 보여 주기를 원합니다. 주님, 저희를 위해 성령을 충만하게 채워주시고 그렇게 살 수 있는 능력을 늘 넘치게 부어 주시기 간절히 원합니다. 예수님의 이름으로 기도합니다. 아멘.

5

그리스도인의 세상에서의 생활

로마서 13:1-14

그리스도인들은 두 개의 시민권을 가지고 있다. 하나는 하나님의 왕국 시민권이고, 또 하나는 자신들이 속한 국가의 시민권이다. 그 가치의 우선순위로 따진다면 전자가 비교할 수 없을 정도로 더 앞설 것이다. 그런데도 그리스도인에게는 후자도 매우 중요하다. 이 세상에서 어떻게 사는가는 우리 신앙 성숙의 척도(barometer)가 될 경우가 많기 때문이다. 이 세상의 법이 하나님을 정면으로 대적하는 것이 아니라면 우리는 한 국가의 국민으로서 법을 지킬 책임이 있다. 특히 민주주의 국가에 살면서 자유를 마음껏 누리는 우리에게 이것은 너무 당연한 것이다.

하지만 로마서가 쓰일 당시는 그렇지 않았다. 로마제국은 하나님을 믿는 사람들을 핍박하고 심지어는 죽이기까지 했다. 그런 정부에 대해 어떤 자세를 가져야 할 것인가는 이 당시 그리스도인들에게 매우 중요한 질문이었을 것이다. 바울 사도는 그런 상황 속에서 그리스도인들이 자신이 속한 국가에 대해 가져야 할 일반적인 원칙을 제시했다. 이는 어디까지나 큰 틀의 원칙이기 때문에 지난 반세기 동안 우리 사회가 민주화를 이뤄 나가는 가운데 생긴 많은 실질적인 질문들에 대한 속 시원한 답이 되지 못했던 점도 사실이다.

우리는 과거에 이런 질문의 양극단을 다 경험해 보았다. 한 가지 극단은 공의와 민주화를 위해서는 어떤 폭력도 불사한다는 주장이었고, 또 다른 극단은 어떤 독재정권 아래에 있을지라도 그리스도인들은 순순히 복종만 하고 어떤 경우도 폭력적인 저항은 하지 말아야 한다는 주장이다. 본문은 이런 질문에 대해서도 속 시원한 답을 주지 못할 것이다. 하지만 바울 사도는 본문을 통해 시대를 초월해서 여러 가지 정치 형태를 떠나 보편적인 방향에 대해서만 말씀해 주고 있다고 봐야 할 것이다. 그 안에서 우리는 다양한 상황에 대해 적절한 해답을 찾아내야 할 것이다. 교회 공동체가 본문의 대원칙에 비추어 성령님의 인도와 현실에 대한 올바른 해석을 토대로 함께 논의해 가면서 그 해답을 찾아내는 것이 적절한 방법일 것이다.

가. 그리스도인과 정부(13:1-7)

각 사람은 위에 있는 권세들에게 복종하라 권세는 하나님으로부터 나지 않음이 없나니 모든 권세는 다 하나님께서 정하신 바라 그러므로 권세를 거스르는 자는 하나님의 명을 거스름이니 거스르는 자들은 심판을 자취하리라 다스리는 자들은 선한 일에 대하여 두려움이 되지 않고 악한 일에 대하여 되나니 네가 권세를 두려워하지 아니하려느냐 선을 행하라 그리하면 그에게 칭찬을 받으리라 (13:1-3).

그는 하나님의 사역자가 되어 네게 선을 베푸는 자니라 그러나 네가 악을 행하거든 두려워하라 그가 공연히 칼을 가지지 아니하였으니 곧 하나님의 사역자가 되어 악을 행하는 자에게 진노하심을 따라 보응하는 자니라 그러므로 복종하지 아니할 수 없으니 진노 때문에 할 것이 아니라 양심을 따라 할 것이라 너희가 조세를 바치는 것도 이로 말미암음이라 그들이 하나님의 일꾼이 되어 바로 이 일에 항상 힘쓰느니라 모든 자에게 줄 것을 주되 조세를 받을 자에게 조세를 바치고 관세를 받을 자에게 관세를 바치고 두려워할 자를 두려워하며 존경할 자를 존경하라(13:4-7).

1. 본문은 왜 우리가 정부에 굴복해야 한다고 말씀했는가? 우리의 상황에 비춰볼 때 과연 이런 말씀은 실제적인 것으로 생각하는지 함께 토의하기 바란다(13:1).

2. 우리가 굴복하지 않았을 때 어떤 일이 일어날 수 있는지 서로 나누라. 바울 사도는 불순종하는 사람들에 대해 하나님께서 어떻게 행하실 것이라고 말씀하였는가? 이에 대해 우리의 현실과 비교해 가면서 서로의 의견을 나누라(13:2).

3. 우리가 굴복하지 않았을 때 벌을 받는 것이 두려워서 뿐만 아니라, 실제로 우리의 양심에 가책을 받지 않고 살기 위하여서라도 정부에 굴복해야

한다고 말씀했다. 정부가 부당한 요구를 했을 때는 우리가 어떻게 해야 하는가에 대해 서로 의견을 나누기 바란다(13:5).

4. 그리스도인들은 시민이자 국민으로서 의무를 다 실천해야 한다. 바울 사도가 어떤 분야에 대해 예를 들었는지 서로 의견을 나누기 바란다. 또 우리가 실천하기 가장 힘든 의무에 대해서는 어떻게 해야 하는가에 대해 서로 의견을 나누라(13:6-7).

힌트

> 로마서는 네로 황제가 로마를 통치하고 있던 AD 56-57 년경에 쓰였다.[1] 네로는 많은 그리스도인을 핍박했다. 그런데도 바울 사도는 정부의 권위에 "복종하라"고 말씀한다. 이런 사실이 지금도 우리에게 똑같이 해당하는 메시지인가에 대해서는 주석가에 따라 아래와 같이 여러 가지 해석이 제시되었다.[2]
>
> ① 원수를 친히 갚지 말고, 악을 선으로 갚으라고 말씀한 연장선상에서 본문을 해석해야 한다는 주장(12:17-21)
>
> ② 우리는 하나님을 믿기 때문에 굴복할 수 있다는 주장(13:1)

---

1 Bruce, *Romans*, 18.

③ 우리는 양심의 가책을 받지 않기 위해서라도 굴복해야 한다는 주장(13:5)

④ 우리는 책임을 회피하기를 원치 않기 때문에 굴복해야 한다는 주장(13:7)

그런데도 실제 상황 중에는 우리가 쉽게 답을 찾을 수 없는 질문들이나 문제들이 많을 것이다. 그런 것을 놓고 교회 공동체는 늘 하나님께 묻고, 성령님의 인도를 받아 가면서 답을 찾아가는 것이 우리가 택할 길이다. 때로는 공동체가 심사숙고해서 내린 결정이 몹시 어려운 길일 수도 있다. 특히 나쁜 정부의 경우는 더더욱 그렇다. 과거 민주화 과정에 있었던 우리나라도 그렇게 했던 것처럼, 앞으로 우리가 살면서 이런 문제를 가지고 계속 씨름하면서, 가장 적절한 결정을 내리기 위해 최선을 다하도록 하나님의 인도를 받아야 할 것이다.

나. 사랑의 법칙(13:8-10)

피차 사랑의 빚 외에는 아무에게든지 아무 빚도 지지 말라 남을 사랑하는 자는 율법을 다 이루었느니라 간음하지 말라, 살인하지 말라, 도둑질하지 말라, 탐내지 말라 한 것과 그 외에 다른 계명이 있을지라도 네 이웃을 네 자신과 같이 사랑하라 하신 그 말씀 가운데 다 들었느니라 사랑은 이웃에게 악을 행하지 아니하나니 그러므로 사랑은 율법의 완성이니라(13:8-10).

---

2 Harrison, *Romans*, 135-39. Harrison 은 본문이 신약 가운데 가장 명확하게 그리스도인의 사회적인 책임에 관해 제시한 부분이라고 지적하고, 예수님께서 "이르시되 가이사의 것은 가이사에게, 하나님 것은 하나님께 바치라"(마 22;21)고 말씀하신 것을 그 예로 들었다. 바울 사도는 로마에 살고 있던 유대인들과 그리스도인들 모두에게 정부에 대해 반기를 들었을 때 로마 정부로부터 있을 무서운 형벌에 관해 미리 경고했을 가능성에 대해 언급했을 것이다. 만일 이것이 사실이라면 바울 사도는 교회와 이 세상 정부에 대한 영구적인 원칙을 제시했다기보다 상황적인 것으로 볼 수 있다. 이런 경우 교회와 정부 사이에 불협화음이 생겼을 때 그 해결 방법에 대해서도 선택의 여유가 있을 가능성이 있지 않을까 하는 의문이 있다 (Harrison 의 견해에 대한 필자의 평가).

1. "피차 사랑의 빚 외에는 아무에게든지 아무 빚도 지지 말라"는 무슨 뜻인가? 우리가 일체 빚을 질 수 없다는 뜻인가(13:8)?

힌트

> 얼핏 보기에 본문은 그리스도인이 결코 남에게 빚을 져서는 안 된다는 의미로 받아들일 수 있다. 물론 그 누구에게도 아무런 빚도 지지 않고 사는 것이 가장 이상적일 것이다. 하지만 어떤 경우든지 빚을 절대로 지지 말라고 한 것보다는 우리가 남에게 부담을 주는 일을 삼가라는 의미로 보는 것이 본문의 취지에 더 맞을 것이다. 이는 우리가 정부에 순종하는 것을 포함해서 남에게 빚을 지는 것도 피하고 오히려 남을 사랑하는 일에 열심을 내야 하는 점을 강조한 것으로 보는 것이 더 타당할 것이다.[3]

2. 왜 우리가 남을 사랑하게 되면 그에게 피해를 주지 않게 되는가? 남을 사랑하지 않고 오히려 피해를 주는 행위에 관해 설명하시오. 당신은 이런 행위 중 어떤 것에 취약함을 느끼고 있는가? 이를 위해 어떤 대책을 세우기 원하는가(13:9-10)?

[3] Bruce, *Romans*, 226.

힌트

> 우리가 상대방을 진정으로 사랑한다면 율법에서 지시한 대로 상대방을 위해 실천하게 될 것이다. 이럴 때 상대방은 자신이 참으로 사랑을 받고 있다고 느끼게 될 것이 분명하다. 반면에 올바르지 못한 사랑이나, 사랑을 아예 하지 않을 때는 율법으로 금한 행위를 저지를 가능성이 크다. 그럴 때 사랑하기는커녕 오히려 상대방에게 피해를 줄 수 있다. 사랑하는 사람에게는 그 어떤 그릇된 행위도 범하지 말아야 한다. 한 예로써, 거룩함을 무시한 사랑은 성경에서 말씀하고 있는 참사랑도 아니며, 그런 사랑은 상대방을 오히려 더 난처하게 만들 가능성이 크다. 따라서 우리가 할 것은 서로 사랑하는 것 외에 그 어떤 일에서도 남에게 지속해서 부담을 주지 말아야 한다. 본문은 이런 점을 강조한다.

다. 우리가 사는 시기(13:11-14)

또한 너희가 이 시기를 알거니와 자다가 깰 때가 벌써 되었으니 이는 이제 우리의 구원이 처음 믿을 때보다 가까웠음이라 밤이 깊고 낮이 가까웠으니 그러므로 우리가 어둠의 일을 벗고 빛의 갑옷을 입자 낮에와 같이 단정히 행하고 방탕하거나 술 취하지 말며 음란하거나 호색하지 말며 다투거나 시기하지 말고 오직 주 예수 그리스도로 옷 입고 정욕을 위하여 육신의 일을 도모하지 말라(13:11- 14).

1. 현재 우리가 사는 시기에 대하여 어떤 사실들을 알고 있어야 하는가 (13:11-12)?

힌트

> 그 당시의 문화는 밤만 되면 모든 것을 허용하는 등 도덕적으로 아주 문란하기 짝이 없었다. 그런 점에서는 아마 현대에도 마찬가지일 것이다. 밤이 되면 더 많은 사람이 자신을 방탕에 방임할 가능성이 크다. 그럴 때일수록 그리스도인들은 낮에 사는 것처럼 생활해야 한다. 하지만 우리가 그렇게 밤에 대해서만 아니라, 이 시대 전반에 대해서도 범죄에 물들지 않기 위해 빛 가운데 살아야 한다. 마치 하나님께서 늘 보고 계신 것처럼 하나님의 시선을 느끼며 살아야 한다.

2. "어둠의 일을 벗고 빛의 갑옷을 입자"라고 하나님께서는 말씀하셨다. 어둠의 일은 구체적으로 어떤 것이며, 낮의 일은 어떤 것인가? 우리는 이를 통해 어떤 교훈을 얻을 수 있는가(13:13-14)?

....

....

....

....

힌트

> 결국 우리는 한시도 빼놓지 않고 예수 그리스도를 의지하고 살지 않으면 우리도 모르는 사이에 어둠의 일에 빠져들어 가게 될 가능성이 크다. 특히 현대는 방탕한 것과 술취함과 음란, 호색이 세계 어디를 가나 극에 도달하였다. 따라서 우리는 쓸데없는 논쟁을 하지 말고 더더욱 정욕의 노예가 되지 말아야 한다.

이 과를 마치면서

만일 우리가 본문에서 말씀한 대로만 살 수 있다면 우리 주위 사람들이 우리를 보고 주님을 믿을 가능성은 그만큼 커질 것이다. 그들이 기대했던 것과 우리의 생활이 같기 때문이다. 만일 로마 시대에 그렇게 살 것이 요구되었다면 현재는 더더욱 그렇게 사는 것이 그리스도인들에게 요구되는 것이 당연할 것이다. 우리의 이런 삶은 곧 이 세상 사람들과는 어딘가 다르다는 변별력을 가능케 해 줄 것이다. 우리가 모두 그렇게 살 때 세상은 달라질 것이다. 우리의 빛과 소금의 역할로 인해 우리 주위는 더 밝아지고, 덜 부패하게 될 것이다.

참된 경건은 이처럼 생활을 통해 사람들이 알 수 있게 표현되지 않는다면 이론에 그칠 수 밖에 없다. 그럴 경우 우리를 보는 주위 사람들은 물론이고, 우리 자신들까지도 자신에 대해 실망하게 될 것이다. 우리는 힘써 본문 말씀처럼 살기 위해 기도하고 성령님의 능력을 의지해야 할 것이다. 그런 삶을 사는 그리스도인들이 온 세상을 가득 채우는 날이 하루속히 오게 될 것을 기대하면서 오늘도 그렇게 살 수 있게 되기를 간절히 기원한다.

나의 기도

하나님 아버지, 오래전에 성 어거스틴(St. Augustine)이 본문의 말씀을 듣고 그 삶이 변했습니다. 그 당시 그는 타락한 삶을 살고 있었습니다. 이런 일이 오늘날에도 얼마든지 일어날 수 있습니다. 더 많이 일어나게 해 주시기 바랍니다. 먼저는 저희 삶 가운데 일어날 수 있게 해 주시기 바랍니다. 우리 주위 사람들이 이렇게 변화된 저희를 보고 하나님 앞에 나올 수 있게 해 주시기 바랍니다. 급기야는 온 세상이 이렇게 사는 사람들로 가득 채워지는 날이 하루속히 올 수 있게 해 주시기 간절히 바랍니다. 예수님의 이름으로 기도합니다. 아멘.

6

연약한 자에 대한 그리스도인의 의무

로마서 14:1-23

나보다 믿음이 약한 자를 향해 비판하기보다는 오히려 격려해 주고 감싸주는 것은 아마도 성숙한 그리스도인에게서 찾아볼 수 있는 가장 두드러진 미덕중에 하나일 것이다. 본문은 원래 유대인들이 아직도 옛 풍습과 율법에 얽매어 주님 안에서 참된 자유를 누리지 못하는 것을 두고 이를 먼저 누리는 이방인 출신 그리스도인들을 향해 바울 사도가 한 권고다. 이를 우리에게 적용한다면 믿음이 강한 자일수록 약한 자를 받아 주고 참아 주어야 한다. 하지만 우리가 겸손하지 못할 때는 이런 태도보다 오히려 약한 자를 비판하기가 더 쉬울 것이다. 우리는 겸손해야만 연약한 사람들을 정죄하거나 비판하지 않고 그들의 부족함을 대신 짊어지려는 태도를 보일 수가 있게 된다. 그런 겸손의 미덕에 대하여 앤드류 머레이가 지은 『겸손』이라는 책의 역자인 김희보 박사는 역자 서문에서 다음과 같이 주장했다.

---

1 Andrew Murray, 『겸손』, 김희보 역 (서울: 총신출판부, 1977), 4.

> 겸손, 이것은 진실로 기독교의 최고(最高), 최귀(最貴)의 도덕이다. 흔히 기독교는 사랑의 종교란 말을 듣는다. 그러나 그 사랑은 겸손을 뿌리로 하여 피어난 꽃에 불과한 것이라고 이 책의 저자는 말하고 있다. 그 뿌리가 마른다면 그 꽃은 자연히 시들고 말 것이다.[1]

이런 예수 그리스도의 겸손이야말로 천국을 양보하시고 하나님과 동등한 영광을 누리는 것까지도 기꺼이 유보하시고 세상으로 오시게 했던 이유이다. 주님께서는 세상에 오셔서 우리와 하나님 사이를 가로막고 있는 모든 연약하고 추한 죄를 대신 짊어지시고 십자가에서 죽으셨다. 주님은 실로 자신의 몸으로 우리가 받을 진노를 대신 받으셨다. 다음 말씀이 이를 잘 나타내 주고 있다.

> 그가 찔림은 우리의 허물 때문이요 그가 상함은 우리의 죄악 때문이라 그가 징계를 받으므로 우리는 평화를 누리고 그가 채찍에 맞으므로 우리는 나음을 받았도다(사 53:5).

이런 사실을 생각할 때 우리는 누구 앞에서도 교만한 자세를 가질 수 없을 뿐만 아니라 다른 사람의 연약함에 대해서도 비판할 수 없을 것이다. 오히려 예수님을 본받아 우리보다 연약한 사람들을 겸손하게 대하고 예수께서 연약한 우리를 사랑하신 것처럼 우리보다 더 연약한 사람들을 사랑해야 할 것이다.

가. 우리와 다른 사람을 용납하고 비판하지 말아야 한다(14:1-12)

> 믿음이 연약한 자를 너희가 받되 그의 의견을 비판하지 말라 어떤 사람은 모든 것을 먹을 만한 믿음이 있고 믿음이 연약한 자는 채소만 먹느니라 먹는 자는 먹지 않는 자를 업신여기지 말고 먹지 않는 자는 먹는 자를 비판하지 말라 이는 하나님이 그를 받으셨음이라 남의 하인을 비판하는 너는 누구냐 그가 서 있는 것이나 넘어지는 것이 자기 주인에게 있으매 그가 세움을 받으리니 이는 그를 세우시는 권능이 주께

있음이라 어떤 사람은 이 날을 저 날보다 낫게 여기고 어떤 사람은 모든 날을 같게 여기나니 각각 자기 마음으로 확정할지니라(14:1-6).

우리 중에 누구든지 자기를 위하여 사는 자가 없고 자기를 위하여 죽는 자도 없도다 우리가 살아도 주를 위하여 살고 죽어도 주를 위하여 죽나니 그러므로 사나 죽으나 우리가 주의 것이로다 이를 위하여 그리스도께서 죽었다가 다시 살아나셨으니 곧 죽은 자와 산 자의 주가 되려 하심이라 네가 어찌하여 네 형제를 비판하느냐 어찌하여 네 형제를 업신여기느냐 우리가 다 하나님의 심판대 앞에 서리라 기록되었으되 주께서 이르시되 내가 살았노니 모든 무릎이 내게 꿇을 것이요 모든 혀가 하나님께 자백하리라 하였느니라 이러므로 우리 각 사람이 자기 일을 하나님께 직고하리라(14:7-12).

1. 우리가 믿음이 연약한 사람들을 용납해야 하는 이유가 무엇인지 본문에 나타난 대로 자세히 설명해 보라(14:1-4).

힌트

1 절에서 "믿음이 연약한 자"는 풍습 때문에 혹은 종교적인 이유로 그리스도 안에 있는 자유를 마음대로 누리지 못하는 사람들을 가리켰을 것으로 간주한다. 즉, 유대인들이 구원을 받아 자유롭게 되었지만 아직도 유대인의 풍습에 얽매어 이방인들이 먹는 것을 자유롭게 먹지 못하는 경우가 있었을 것이다.[2] 우리도 신앙이 약하거나, 우리와 믿는 방식이 다른 그리스도인들을 편견 없이 사랑으로 받아들여야 한다. 그 이유는 그들이 만일 그리스도인이라면 ① 하

> 나님께서 용납하셨고, ②그들은 우리의 하인이 아니라 주님의 종이며, ③ 그들이나 우리 모두 주님을 위해 사는 사람들이고, ④ 우리는 그들을 심판할 자격이 없으며 우리가 심판하지 않아도 주님께서 우리 모두를 직접 심판하실 것이기 때문이다.

2. 소위 신앙인이라는 사람들은 예나 지금이나 변함이 없이 자신의 신앙 방식과 다른 사람들을 잘 받지 못하는 것 같다. 이 당시도 과거의 종교 배경에 따라 각기 달리 행동하는 사람들을 잘 용납하지 못하고 오히려 배척한 것 같다. 이에 대한 바울 사도의 지침에 대해 자세히 설명하고, 이를 자신들에게 어떤 식으로 적용할 것인가를 서로 나누라(14:5-12).

....

....

....

힌트

> 10 절에서 "하나님의 심판대"는 주님의 심판, 곧 하나님의 심판을 의미한다. 모든 사람이 자신들이 행한 대로 주님의 심판(곧 하나님 심판)을 받을 것이라고 성경은 가르치고 있다(고후 5:10). 그러나 이 말은 모든 그리스도인이 불신자와 똑같이 심판을 받는다는 말은 아니다. 불신자가 받는 심판은 신자가 받을 필요가 없다고 성경은 명확하게 가르치고 있다(요 5:24; 계 20:11-15).

나. 하나님의 나라에서는 차별함이 없다(14:13-18)

그런즉 우리가 다시는 서로 비판하지 말고 도리어 부딪칠 것이나 거칠 것을 형제 앞에 두지 아니하도록 주의하라 내가 주 예수 안에서 알고

2 Black, *Romans*, 164-65.

확신하노니 무엇이든지 스스로 속된 것이 없으되 다만 속되게 여기는 그 사람에게는 속되니라 만일 음식으로 말미암아 네 형제가 근심하게 되면 이는 네가 사랑으로 행하지 아니함이라 그리스도께서 대신하여 죽으신 형제를 네 음식으로 망하게 하지 말라 그러므로 너희의 선한 것이 비방을 받지 않게 하라 하나님의 나라는 먹는 것과 마시는 것이 아니요 오직 성령 안에 있는 의와 평강과 희락이라 이로써 그리스도를 섬기는 자는 하나님을 기쁘시게 하며 사람에게도 칭찬을 받느니라 (14:13-18).

1. 서로 사랑하면 우리는 서로에 대한 편견을 되도록 갖지 않기 위해 최대한 노력을 기울일 것이다. 서로 사랑하는 것이 구체적으로 어떻게 실생활 가운데 나타나는가에 대한 좋은 예(例)가 본문에 나와 있다. 이를 설명해 보라. 또 자신들의 삶 가운데 이런 가르침을 어떻게 적용할 수 있는지 서로 나누기 바란다(14:13-16).

2. 서로 사랑하는 사람들은 서로에게 적개심을 가질 틈을 주지 않아야 한다. 그렇게 생활해야 하는 가장 중요한 근거는 무엇인가? 어떻게 하면 그런 생활을 할 수 있는가? 그렇게 사는 사람들에게는 어떤 일이 있을 것이라고 말씀하고 있는가(14:17-18)?

다. 천국에서처럼 살라(14:19-23)

> 그러므로 우리가 화평의 일과 서로 덕을 세우는 일을 힘쓰나니 음식으로 말미암아 하나님의 사업을 무너지게 하지 말라 만물이 다 깨끗하되 거리낌으로 먹는 사람에게는 악한 것이라 고기도 먹지 아니하고 포도주도 마시지 아니하고 무엇이든지 네 형제로 거리끼게 하는 일을 아니함이 아름다우니라 네게 있는 믿음을 하나님 앞에서 스스로 가지고 있으라 자기가 옳다 하는 바로 자기를 정죄하지 아니하는 자는 복이 있도다 의심하고 먹는 자는 정죄되었나니 이는 믿음을 따라 하지 아니하였기 때문이라 믿음을 따라 하지 아니하는 것은 다 죄니라(14:19-23).

1. 그리스도인들은 세상에서도 천국의 맛을 미리 보며 사는 것이 필요하다.[3] 그렇게 살 때 양심에 거리끼는 것도 없게 될 것이다. 교회는 그렇게 살 수 있는 가장 좋은 장(場)이며, 이를 통해 천국의 맛을 앞당겨서 볼 수 있게 된다. 천국의 맛을 보며 사는 사람들의 생활에 대해 각자의 경험을 나누어 보라(14:19-21).

2. 우리가 다른 사람을 위해 살 때 자칫 잘못하면 우리의 행함이 많고 작은 것에 따라서 우리의 신앙이 좌우된다고 오해할 수 있다. 본문은 우리가 무엇에 기준을 두고 선행을 하도록 가르치고 있는가(14:22-23)?

---

3 Lesslie Newbigin, 『오픈 시크릿: 마침내 드러난 하나님의 비밀-선교』, 홍병룡 역 (서울: 복있는 사람, 2012), 200. 뉴비긴은 예수님의 죽음과 부활에 참여함으로써 설립된 공동체가 바로 역사의 한복판에서 하나님의 통치를 가리키는 표지요 도구요 맛보기임(foretaste)을 자각하고, 우리는 이를 믿음으로 고백해야 한다고 주장했다.

이 과를 마치면서[4]

본문 말씀이 쓰인 배경은 유대인 출신 그리스도인들과 이방인 출신 그리스도인들 사이에서 일어난 음식 등 문화적 차이점에 관한 논쟁이었다. 특히 유대계 그리스도인들은 음식에 관한 전통이 이방인과 비교해 매우 까다로웠다. 이 둘이 한 공동체를 이루었을 때 필연적으로 불협화음이 생길 수밖에 없었을 것이다.

이방인 출신 그리스도인들이 자유롭게 행동하는 것이 유대인들에게는 눈에 거슬리게 보였을 것이다. 반대로 이방인 출신 그리스도인들의 눈에는 옛 율법에 아직도 얽매여 있는 유대인 출신 그리스도인의 행동이 이해되지 않았을 것이다. 이에 대해 바울 사도는 본문을 통해 서로 화목해야 한다고 강하게 권고했다. 이는 단순한 관계 회복을 넘어서서 시대를 초월하여 모든 교회에 주시는 중요한 지침이기도 하다.

우리가 서로 사랑하며 서로의 약점을 덮어주고 하나가 되었을 때 하나님께는 영광이요, 우리에게는 말할 수 없는 기쁨이요, 세상에는 큰 도전이 된다. 이런 사람들을 보고 세상 사람들은 그리스도의 제자라고 말하게 된다(요 13:34-35). 하루속히 세상 모든 족속 가운데 이렇게 사는 그리스도인들의 공동체가 세워져서 하나님의 영광을 그들도 볼 수 있게 되기를 기원한다.

---

4 Bruce, *Romans*, 233-39; Harrison, *Romans*, 144-47.

나의 기도

하나님 아버지, 오늘도 본문 말씀을 통해 연합에 대한 하나님의 강한 의지를 보았습니다. 또 주님의 이런 의지가 역사 가운데 어떻게 나타났는지 보면서 우리도 같은 역사관(歷史觀)을 갖게 해 주시니 감사와 찬양을 드립니다. 하나님께서는 이스라엘과 이방인이 화합하기를 처음부터 원하셨고, 주님께서 성육신하셨을 때나 지금이나 미래에도, 또 주님께서 재림하실 때도 이 둘이 하나가 되는 것에 대한 주님의 강한 의지를 우리가 다시 한 번 보게 되었습니다. 저희도 주님의 이런 뜻을 좇아 세상 모든 족속이 하루속히 하나님의 품으로 돌아와 주님 안에서 하나가 되기를 간절히 기원합니다. 바울 사도가 애타게 이스라엘 백성을 위해 기도했듯이 모든 족속이 다 하나가 되기를 기도합니다. 하나님 앞에 신비로운 그리스도의 신부로 글로벌 교회가 주님께 드려지는 날이 속히 오기를 기원합니다. 예수님의 이름으로 기도합니다. 아멘.

7

하나님의 나라와 그리스도의 복음 그리고 하나님의 일

로마서 15:1-33

바울 사도는 유대계 그리스도인과 이방인 중에서 복음을 받은 성도들 간에 화목을 간절히 원했다. 이러한 사실은 이미 14 장에서 다루어진 바가 있다. 이방인 출신 그리스도인과 음식에 관한 규율을 지키는 것을 가지고 유대계 그리스도인들을 향해 서로 비판하지 말고 더 연약한 자를 받아 주라고 권고한 바 있다(14:1). 이 경우 믿음이 약한 자는 유대계 그리스도인을 의미했을 것이다. 15:1 에서 또다시 믿음이 강한 자 편에서 믿음이 약한 사람들을 받아 주어야 한다고 말씀한다. 연이어서 바울 사도는 하나님으로부터 받은 소명에 따라 하나님의 복음을 이방인에게 전하는 일, 곧 "하나님의 일"을 하였다고 말씀하고 있다(15:16-17).

바울 사도가 이방인을 위해 전 생애를 바친 것이 곧 "하나님의 일"이었으며 주님의 뜻이었던 것처럼 이방인과 유대인들이 복음 안에서 하나가 되게 하는 것도 빼놓을 수 없는 중요한 하나님의 일의 한 부분이었다. 하나님의 복음, 곧 그리스도의 복음을 전하는 것 못지않게 중요한 것은 교회가(이 경우 유대인과 이방인 그리스도인) 하나가 되는 것이었음을 본문을 통해 알 수 있다. 이때 벌써 이방인 그리스도인의 숫자가 더 많아졌고, 반면에 유대 그리스도인의 숫자는 열세에 놓였다. 그러한 상황에서 로마의 이방인 출신 그리스도인에게 숫자상 열세에 놓인 유대계 그리스도인을 향해 교제의 손을 내밀라는 바울 사도의 간곡한 권고가 본문 중에 또다시 언급되었다.

가. 강한 자가 약한 자를 위해 먼저 손을 내밀라(15:1-13)

믿음이 강한 우리는 마땅히 믿음이 약한 자의 약점을 담당하고 자기를 기쁘게 하지 아니할 것이라 우리 각 사람이 이웃을 기쁘게 하되 선을 이루고 덕을 세우도록 할지니라 그리스도께서도 자기를 기쁘게 하지 아니하셨나니 기록된 바 주를 비방하는 자들의 비방이 내게 미쳤나이다 함과 같으니라 무엇이든지 전에 기록된 바는 우리의 교훈을 위하여 기록된 것이니 우리로 하여금 인내로 또는 성경의 위로로 소망을 가지게 함이니라 이제 인내와 위로의 하나님이 너희로 그리스도 예수를 본받아 서로 뜻이 같게 하여 주사 한마음과 한 입으로 하나님 곧 우리 주 예수 그리스도의 아버지께 영광을 돌리게 하려 하노라(15:1-6).

그러므로 그리스도께서 우리를 받아 하나님께 영광을 돌리심과 같이 너희도 서로 받으라 내가 말하노니 그리스도께서 하나님의 진실하심을 위하여 할례의 추종자가 되셨으니 이는 조상들에게 주신 약속들을 견고하게 하시고 이방인들도 그 긍휼하심으로 말미암아 하나님께 영광을 돌리게 하려 하심이라 기록된 바 그러므로 내가 열방 중에서 주께 감사하고 주의 이름을 찬송하리로다 함과 같으니라 또 이르되 열방들아 주의 백성과 함께 즐거워하라 하였으며 또 모든 열방들아 주를 찬양하며 모든 백성들아 그를 찬송하라 하였으며 또 이사야가 이르되 이새의 뿌리 곧 열방을 다스리기 위하여 일어나시는 이가 있으리니 열방이 그에게 소망을 두리라 하였느니라 소망의 하나님이 모든 기쁨과 평강을 믿음 안에서 너희에게 충만하게 하사 성령의 능력으로 소망이 넘치게 하시기를 원하노라(15:7-13).

1. 신앙심이 강한 사람과 약한 사람 사이에 문제가 생겼을 때 강한 사람 쪽이 그 얽힌 매듭을 풀 수 있는 열쇠를 갖고 있다. 바울 사도는 어떤 근거로 그런 권고를 하였는가(15:1-6)?

2. 우리가 서로(약한 자와 강한 자) 용납하여야 할 이유가 무엇이라고 성경은 말씀하고 있는가(15:7-12)?

3. 이런 과정 중에 하나님께서 어떤 역할을 할 것이라고 바울 사도는 말씀하고 있는가? 본문에 나온 내용을 가지고 서로 격려하기 바란다(15:13).

힌트

> 현대에 와서 우리 신앙이 얼마나 성장하였는가에 대한 평가 기준 중 하나는 우리가 연약한 사람들을 어떻게 대하는가인지도 모른다. 우리는 그리스도와 하나님을 본받아 강한 자일수록 약한 자에 대해 손을 먼저 내밀어서 끌어주고 도와주어야 한다. 이것이 바로 천국적인 생활의 일면이기도 하다. 이처럼 문제가 생겼을 때는 의견이 서로 다른 그리스도인들이 함께 연합하기 위해서 강한 자가 약한 자를 위해 손을 내밀어야 한다. 그러한 일이 일어나기 위해서는 반드시 하나님의 도움이 필요하다. 그렇게 서로의 연합이 이뤄지게 되었을 때 하나님 아버지와 우리 주님께서 영광을 받으시게 될 것이다. 그런 실천이 있는 교회야말로 세상 사람들에게 천국이 어떤 곳인가를 미리 맛보게 해 줄 것이다.[1]

나. 하나님의 일을 위해 자신의 생명을 쏟으라(15:14-21)

내 형제들아 너희가 스스로 선함이 가득하고 모든 지식이 차서 능히 서로 권하는 자임을 나도 확신하노라 그러나 내가 너희로 다시 생각나게 하려고 하나님께서 내게 주신 은혜로 말미암아 더욱 담대히 대략 너희에게 썼노니 이 은혜는 곧 나로 이방인을 위하여 그리스도 예수의 일꾼이 되어 하나님의 복음의 제사장 직분을 하게 하사 이방인을 제물로 드리는 것이 성령 안에서 거룩하게 되어 받으실 만하게 하려 하심이라(15:14-16).

그러므로 내가 그리스도 예수 안에서 하나님의 일에 대하여 자랑하는 것이 있거니와 그리스도께서 이방인들을 순종하게 하기 위하여 나를 통하여 역사하신 것 외에는 내가 감히 말하지 아니하노라 그 일은 말과 행위로 표적과 기사의 능력으로 성령의 능력으로 이루어졌으며 그

1 레슬리 뉴비긴이 교회의 성격에 관해 언급한 내용 중 일부(foretaste of heaven, 6과 3번 각주)를 참조할 것. 그 외에도 Harrison, *Romans*, 151-53.

리하여 내가 예루살렘으로부터 두루 행하여 일루리곤까지 그리스도의 복음을 편만하게 전하였노라 또 내가 그리스도의 이름을 부르는 곳에는 복음을 전하지 않기를 힘썼노니 이는 남의 터 위에 건축하지 아니하려 함이라 기록된 바 주의 소식을 받지 못한 자들이 볼 것이요 듣지 못한 자들이 깨달으리라 함과 같으니라(15:17-21).

1. 바울 사도가 이 서신을 쓴 이유가 무엇이라고 생각하는가(15:14-15)?

....

....

....

힌트

> 15 절에서 바울은 "내가 너희로 다시 생각나게 하려고" 이 편지를 썼다고 말한다. 로마서를 쓴 동기가 "다시 생각나게 하려고"였다면 이 서신을 받는 사람들이 로마서 내용을 어느 정도는 이미 알고 있었던 것임을 알 수 있다. 그 당시 그리스도인들은 구원의 확신을 가진 것은 물론, 신앙생활의 기본적인 내용에 대해서도 이미 어느 정도는 알고 있었을 것이다. 그런 상황 중에 다시 본문 내용을 담대하게 쓴 것은 그 내용이 그만큼 중요했기 때문일 것이다.[2]

2. 바울 사도가 자랑한 내용과 그의 사역의 원리가 무엇이었는지 서로 나누라(15:16-21).

....

....

---

2 Harrison, *Romans*, 155. 여기까지 바울 사도는 로마 교인들의 부족한 부분에 대해 언급했으나 거기에서 그치지 않고 어떻게 복음이 그들 가운데서 꽃을 피였는가에 대해서도 언급하였다고 Harrison 은 주장했다.

힌트

본문을 통해 바울 사도는 연약한 성도(본문에서는 유대계 그리스도인)를 강한 성도(이방인 출신 성도를 지칭함)가 포용하라고 강조했다.[3] 바울 사도가 그런 권위를 발휘한 이유는 바울 사도 자신의 사역을 구약에서 선지자들이 제물을 하나님께 바치듯이 자신도 구원받은 이방인들을 하나님께 드림으로써 하나님의 사역을 했다고 주장했기 때문이다. 바로 그러한 바울 사도 자신의 권위로 강한 자가 약한 자를 받아 주어야 할 것을 강력하게 권고했다.[4]

※ 19 절에서 '일루리곤'은 현재의 알바니아로, 바울 사도가 로마 제국의 국경선까지 복음을 전했음을 의미한다.

다. 하나님의 나라가 이뤄지기까지 하나님의 나라 일에 힘쓰라(15:22-33)

그러므로 또한 내가 너희에게 가려 하던 것이 여러 번 막혔더니 이제는 이 지방에 일할 곳이 없고 또 여러 해 전부터 언제든지 서바나로 갈 때에 너희에게 가기를 바라고 있었으니 이는 지나가는 길에 너희를 보고 먼저 너희와 사귐으로 얼마간 기쁨을 가진 후에 너희가 그리로 보내주기를 바람이라 그러나 이제는 내가 성도를 섬기는 일로 예루살렘에 가노니 이는 마게도냐와 아가야 사람들이 예루살렘 성도 중 가난한 자들을 위하여 기쁘게 얼마를 연보하였음이라 저희가 기뻐서 하였거니와 또한 저희는 그들에게 빚진 자니 만일 이방인들이 그들의 영적인 것을 나눠 가졌으면 육적인 것으로 그들을 섬기는 것이 마땅하니라(15:22-27).

---

3 C. K. Barrett, *Epistle to Romans*, rev. ed. (Grand Rapids: Baker, 1991), 256-57.

4 Longenecker, *The Epistle to the Romans*, 1038-39. 15:15-16 을 통해 바울 사도는 로마서 중에 그리스도인들을 향해 담대하게 쓸 수 있었던 이유에 대해 다음과 같이 확신하고 있었기 때문이라고 주장했다. 바울 사도가 받은 바 이방인에게 복음을 전하라는 소명은 마치 구약에서 제사장이 하나님께 제물을 받치듯 자신이 하나님의 사역자로서 이방인을 하나님께 드리는 역할을 한 것과 같은 것이라 주장했다. 따라서 이방인들에게 그리스도를 전하는 것이 곧 하나님을 섬기는 일이며 그런 일을 위해 바울 사도는 권위를 사용한 것으로 보인다.

그러므로 내가 이 일을 마치고 이 열매를 그들에게 확증한 후에 너희에게 들렀다가 서바나로 가리라 내가 너희에게 나아갈 때에 그리스도의 충만한 복을 가지고 갈 줄을 아노라 형제들아 내가 우리 주 예수 그리스도와 성령의 사랑으로 말미암아 너희를 권하노니 너희 기도에 나와 힘을 같이하여 나를 위하여 하나님께 빌어 나로 유대에서 순종하지 아니하는 자들로부터 건짐을 받게 하고 또 예루살렘에 대하여 내가 섬기는 일을 성도들이 받을 만하게 하고 나로 하나님의 뜻을 따라 기쁨으로 너희에게 나아가 너희와 함께 편히 쉬게 하라 평강의 하나님께서 너희 모든 사람과 함께 계실지어다 아멘(15:28-33).

1. 하나님 나라의 일에 대한 바울 사도의 미래 계획은 어떠했는가? 우리의 미래 계획과 비교해 보고 도전받은 사실들을 서로 나누라(15:22-24).

2. 바울 사도가 그때 하고 있었던 일은 어떤 것이었는가? 복음 전도와 구제와의 관계에 대해 어떤 것들을 배울 수 있는지 서로 나누라(15:25-29).

3. 바울 사도의 기도 제목은 어떤 것이었나? 우리는 이를 통해 무엇을 배울 수 있는가(15:30-33)?

이 과를 마치면서

이 부분은 마치 바울 사도의 선교보고서를 읽는 것과 같은 기분을 느끼게 해 준다. 그가 이방인을 위해 부르심을 받았다는 것은 누누이 설명하여 다 알고 있는 사실이다. 하지만 그가 얼마나 자기 백성인 유대인에게도 애정을 품고 있었는지는 9-15 장을 통해 잘 알 수 있다. 그가 왜 그렇게 동족의 복음화와 안녕에 대해 열정을 가지고 있었는지는 다 알 수는 없지만, 다음과 같은 몇 가지 이유를 짐작할 수 있다.

첫째, 바울 사도가 꿈꾸는 하나님의 나라는 유대인들이나 이방인들이 하나가 되어서 한 하나님을 섬기는 새 나라였다. 이미 9-11 장에서 언급한 대로 하나님께서는 어느 날 유대인 가운데 부흥이 일어나서 그들도 구원을 받을 것에 대해 확신하고 있었다. 이는 에베소서 1:10 에서 말씀한 다음 내용과 같은 맥락에서 볼 수 있다.

> 하늘에 있는 것이나 땅에 있는 것이 다 그리스도 안에서 통일되게 하려 하심이라(엡 1:10).

바울 사도는 비록 이방인들을 위해 세우심을 받았지만 그런 큰 틀을 늘 생각하면서 선교를 하였다고 봐야 하겠다. 우리도 이를 본받아 모든 민족, 특히 유대인들까지 다 회개하고 천국에 들어오는 날을 기대하면서 선교적 삶을 살며 선교 사역에 힘써야 한다.

둘째, 바울 사도는 그런 큰 틀을 생각으로만 한 것이 아니라, 이를 성취하기 위해 최선을 다한 것을 볼 수 있다. 그는 예루살렘을 위해 헌금을 마련하여 이들의 어려움을 해결하려고 최선을 다했다. 그는 복음을 말로만 전하지 않고, 이미 그때부터 전인(全人, wholistic)을 위한 선교를 하기 시작한 것이다. 이를 통해 성도들이 하나님의 왕국을 비록 제한적으로나마

가시적으로 보고, 그 나라가 어떤 성격을 가진 나라인지 그 맛까지도 미리 볼 수 있게 했다.

셋째, 바울 사도는 그런 큰 틀을 위해 실질적인 전략을 마련하고 있었다. 그는 로마 그리스도인들의 도움과 기도 후원을 받아서 더 먼 프런티어(frontier)를 향해 가기를 원했다. 원대한 계획은 계획만으로 실현되지 않는다. 바울처럼 실천을 위해 구체적으로 걸음을 내디뎌야 한다. 현대에 사는 교회와 선교사도 그런 꿈을 가져야 한다. 하나님의 나라가 모든 족속을 통일해서 한 하나님의 백성을 이뤄가며 하나님께 영광을 돌리는 꿈을 꾸어야 한다. 하루속히 그런 꿈들이 이뤄지기 위해 하나님 앞에 무릎을 꿇고 기도하며 이를 위해 구체적으로 삶과 사역을 드릴 수 있기를 기원한다.

나의 기도

하나님 아버지, 우리에게 바울 사도의 꿈을 알려 주시고 저희도 그 꿈에 참여할 기회를 주신 것에 대해 감사와 찬양을 드립니다. 하나님의 나라 복음을 통해 모든 족속이 한 하나님의 백성이 될 수 있는 비전을 주신 것에 대해 감사드립니다. 이를 위해 바울 사도가 평생 전략적으로 살아간 것처럼 우리도 그렇게 살 수 있기를 기도합니다. 예루살렘으로부터 시작하여 일루리곤(마게도니아의 서쪽 경계, 현재 알바니아)까지 전했으며, 그는 이 경계를 넘어서 로마까지, 그리고 더 멀리 스페인까지 가는 큰 꿈을 펼쳐 나갔습니다. 그는 전 생애를 통해 스스로 발을 들여놓은 모든 지역이 복음으로 변화되어 하나가 되는 날을 보면서 살았습니다. 궁극적으로는 하나님의 나라가 종말론적으로 임하는 것을 믿음의 눈으로 보았을 것입니다. 우리에게도 그런 원대한 꿈을 꾸는 많은 하나님의 사람들을 보내 주시기 바랍니다. 이를 위해 우리가 먼저 그런 꿈을 꾸고, 바울 사도처럼 또 다른 사람들이 그런 꿈을 꿀 수 있도록 초대하기를 원합니다. 그동안 『선교적 교회 제자훈련 성경공부 시리즈』로 여기까지 공부한 사람들 모두 이 땅에 하나님의 나라가 임하도록 촉구하는 대열에 참여케 해 주시기 바랍니다. 그런 성도들 머리 위에 성 삼위일체 하나님께서 낮에는 구름 기둥으로 밤에는 불 기둥으로 늘 역사해 주시기를 원합니다. 예수님의 이름으로 기도합니다. 아멘.

8

인사와 축도

로마서 16:1-27

아주 오래전부터 성경공부를 하는 중 이 본문에 도달하게 되면 별로 건질 것이 없다고 생각하고 그대로 건너뛰었다. 하지만 어느 날 그런 태도가 얼마나 잘못된 것인가를 알게 되었다. 그 후부터는 로마서 공부 중 이 부분에 도달할 때마다 새로운 기대를 하게 된다. 과연 오늘은 어떤 면에 대해 깨달을 수 있을까 하는 마음으로 본문을 보게 되었다. 여기에 나오는 이름들을 보면 간단히 이름만 나열했거나, 아니면 한두 마디 코멘트를 붙인 경우가 대부분이다. 그런데도 이들이 바울 사도와 함께 하나님의 왕국을 전파하는 데 있어서 얼마나 귀중한 존재들이었는가를 생각할 때 여러 번 다시 생각하게 된다. 바울 사도에게 있어서 겐그레아 교회의 일꾼(또는 집사)인 뵈뵈와 여러 사람들은 주옥과 같은 하나님의 사람들이며 동역자들이었을 것이다. 이들이 곧 속(續)사도(사도 이후) 시대에 교회의 기초를 놓고 이끌어 간 분들일 것이다. 이들이 그렇게 되기까지 마치 예수님께서 열두 제자들

에게 하셨듯이 바울 사도 또한 그들을 세우기 위해 자신의 삶을 쏟아 부었을 것이 틀림없다.[1]

가. 귀중한 사람들(16:1-16)

내가 겐그레아 교회의 일꾼으로 있는 우리 자매 뵈뵈를 너희에게 추천하노니 너희는 주 안에서 성도들의 합당한 예절로 그를 영접하고 무엇이든지 그에게 소용되는 바를 도와 줄지니 이는 그가 여러 사람과 나의 보호자가 되었음이라 너희는 그리스도 예수 안에서 나의 동역자들인 브리스가와 아굴라에게 문안하라 그들은 내 목숨을 위하여 자기들의 목까지도 내놓았나니 나뿐 아니라 이방인의 모든 교회도 그들에게 감사하느니라 또 저의 집에 있는 교회에도 문안하라 내가 사랑하는 에배네도에게 문안하라 그는 아시아에서 그리스도께 처음 맺은 열매니라 너희를 위하여 많이 수고한 마리아에게 문안하라 내 친척이요 나와 함께 갇혔던 안드로니고와 유니아에게 문안하라 그들은 사도들에게 존중히 여겨지고 또한 나보다 먼저 그리스도 안에 있는 자라 또 주 안에서 내 사랑하는 암블리아에게 문안하라 그리스도 안에서 우리의 동역자인 우르바노와 나의 사랑하는 스다구에게 문안하라 그리스도 안에서 인정함을 받은 아벨레에게 문안하라 아리스도불로의 권속에게 문안하라 내 친척 헤로디온에게 문안하라 나깃수의 가족 중 주 안에 있는 자들에게 문안하라(16:1-11).

---

1 Longenecker, *The Epistle to the Romans*, 1071-72. ① the apostle's commendation of the lady Phobe, whom he speaks of as "our sister"…… "a benefactor to many people, including me," and ② his references to an additional nine Christian women, whom he thought of as his past associates, friends, and respected acquaintances because of their Christian ministries at Rome and then in various cities towns and…… apostle had carried out his God-given Gentile mission. ① 사도는 뵈뵈에 대해 우리 자매로서 많은 사람이 신세를 졌으며 사도 자신도 그런 사람 중에 하나라고 언급했다. ② 그 외에도 자신의 동역자요 친구요 존경하는 동료들에 대해 언급했다. 바울은 로마에서 자신의 사역은 물론이고 다른 도시와 마을에서도 하나님께서 주신 이방인들을 위해 동역한 9 명의 자매에 대해 존경과 칭찬을 아끼지 않았다(필자 역).

주 안에서 수고한 드루배나와 드루보사에게 문안하라 주 안에서 많이 수고하고 사랑하는 버시에게 문안하라 주 안에서 택하심을 입은 루포와 그의 어머니에게 문안하라 그의 어머니는 곧 내 어머니니라 아순그리도와 블레곤과 허메와 바드로바와 허마와 및 그들과 함께 있는 형제들에게 문안하라 빌롤로고와 율리아와 또 네레오와 그의 자매와 올름바와 그들과 함께 있는 모든 성도에게 문안하라 너희가 거룩하게 입맞춤으로 서로 문안하라 그리스도의 모든 교회가 다 너희에게 문안하느니라(16:12-16).

1. 바울 사도가 안부를 전한 사람의 이름과 그들에 대한 바울 사도의 소개 내용을 나열하고, 칭찬받은 사람 중에서 자신이 특별히 본받기 원하는 네 사람을 선택하여 그들이 칭찬받은 내용을 아래 표에 적고 이를 서로 나누라(16:1-16).

....

....

....

2. 바울 사도가 안부를 전하는 사람들은 모두 귀중한 형제자매들이었다. 이들은 마치 보석과도 같은 사람들이다. 당신에게는 예수님을 믿는 자들 중 이렇게 개인적으로 칭찬하고 친분을 나눌 수 있는 사람들이 있는가? 한두 사람만 기록하고 이들을 위해 칭찬할 내용을 나누어 보라.

이름	칭찬 내용	내게 특히 필요한 부분

힌트

> 만일 한 선교사, 혹은 사역자나 성도가 평생 살면서 본문에서 언급한 것처럼 누군가에게 영향을 주었다면 그는 아마도 성공적으로 사역을 하였다고 할 수 있을 것이다. 한 사람이 한평생 살면서 영향을 줄 수 있는 숫자가 그렇게 많지 않다는 사실을 생각할 때 본문 내용은 더욱더 깊은 감동을 우리에게 주고 있다. 우리가 바울 사도처럼 몇몇 사람들에게 직접 또는 간접적(다른 사람들을 통해)으로 영향을 주어서 동역자가 되게 한다면 우리는 마태복음 28:18-20 의 지상명령을 준수하는 약 7 억 명의 수에 포함되고도 남을 것이다. 세계 약 23 억 그리스도인 중에서도 약 7 억 명만이 지상명령을 순종하는 그리스도인들로 구분되고 있다는 통계가 한때 나왔었다.[2]

나. 마지막 권고(16:17-27)

형제들아 내가 너희를 권하노니 너희가 배운 교훈을 거슬러 분쟁을 일으키거나 거치게 하는 자들을 살피고 그들에게서 떠나라 이같은 자들은 우리 주 그리스도를 섬기지 아니하고 다만 자기들의 배만 섬기나니 교활한 말과 아첨하는 말로 순진한 자들의 마음을 미혹하느니라 너희의 순종함이 모든 사람에게 들리는지라 그러므로 내가 너희로 말미암아 기뻐하노니 너희가 선한 데 지혜롭고 악한 데 미련하기를 원하노라 평강의 하나님께서 속히 사탄을 너희 발 아래에서 상하게 하시리라 우리 주 예수의 은혜가 너희에게 있을지어다(16:17-20).

나의 동역자 디모데와 나의 친척 누기오와 야손과 소시바더가 너희에게 문안하느니라 이 편지를 기록하는 나 더디오도 주 안에서 너희에게 문안하노라 나와 온 교회를 돌보아 주는 가이오도 너희에게 문안하고 이 성의 재무관 에라스도와 형제 구아도도 너희에게 문안하느니라 나

---

2 2015 년 *IBMR* 통계. 그 후로 업데이트된 통계 없음.

의 복음과 예수 그리스도를 전파함은 영세 전부터 감추어졌다가 이제는 나타내신 바 되었으며 영원하신 하나님의 명을 따라 선지자들의 글로 말미암아 모든 민족이 믿어 순종하게 하시려고 알게 하신 바 그 신비의 계시를 따라 된 것이니 이 복음으로 너희를 능히 견고하게 하실 지혜로우신 하나님께 예수 그리스도로 말미암아 영광이 세세무궁하도록 있을지어다 아멘(16: 21-27).

1. 바울 사도는 본문에서 세상을 사는 데 필요한 중요한 원리들을 제시하고 있다. 이것들 중 두 가지만 써 보라(16:17-20).

2. 바울 사도는 늘 동역자들과 함께 팀 사역을 했다. 본문은 선교 여정 중 바울 사도와 팀으로 동행했던 동역자들을 나열하고 있다. 이들에 대해 바울 사도가 무엇이라고 소개했는지 예를 들어 보라. 당신에게는 이런 동역자가 있는가? 없다면 하나님께 보내 달라고 기도하라. 있다면 이들을 위해 하나님께 감사의 기도를 드리라(16:21-24).

3. 바울 사도의 마지막 축복 기원에 나타난 영적 교훈들은 어떤 것들인지 서로 나누라. 특히 복음, 그리스도, 하나님 아버지, 복음의 영구성, 복음의 대상, 계시 등에 대해 현대인이 알아들을 수 있게 설명해 보라(16:25-27).

힌트

하나님께서는 우리에게 한없는 축복을 주시기 원하신다. 다음과 같은 하나님의 속성(屬性)만 봐도 그런 사실을 잘 알 수가 있다.

① 인내와 안위의 하나님(15:5)

② 소망의 하나님(15:13)

③ 평강의 하나님(15:33)

④ 지혜로우신 하나님(16:27)

이 모든 것을 가능하게 해 주신 우리 주 예수 그리스도께 한없는 경배와 감사를 드리기 바란다. 그렇게 하나님께 반응을 보이는 사람들을 위해 하나님께서는 한없는 영광을 맛보게 해 주실 것이다. 이것이 바로 바울 사도가 로마 그리스도인들에게 알려 준 영적 비결 중의 하나였다. 이제 우리도 같은 축복을 누릴 수 있게 되었다.

> 예수 그리스도로 말미암아 영광이 세세무궁토록 있을지어다 아멘(16:27).

이 과를 마치면서

우리는 이제 로마서 공부를 마무리 지어야 한다. 지금까지 우리는 교리적인 부분인 1-8 장(전 지침서)과 하나님의 주권과 실제적인 부분인 9-16 장(본 지침서)을 공부했다. 이 두 부분의 순서도 우연이 아니라고 생각한다. 만일 우리가 먼저 12-16 장의 내용을 실천해야 비로소 칭의(3:21-5:21)와 성화(6:1-8:39)를 경험할 수 있었다면 기독교는 타종교와 조금도 다를 바가 없었을 것이다. 그러나 하나님의 진노를 받을 수밖에 없는(1:18-3:20) 우리를 위하여 그리스도께서 친히 그 진노를 대신 받으셨다(3:21-5:21).

아울러서 우리가 죄를 이기고 최선의 삶을 살 수 있게 해놓으셨을 뿐만 아니라(6-8 장), 이러한 하나님의 계획을 그 누구도 변화시킬 수 없도록 하나님께서 주권적으로 확정해 놓으셨다(9-11 장). 그다음에야 비로소 우리가 어떻게 살아야 할 것인가를 말씀하셨다(12-16 장). 이로 보건대 우리가 그리스도인의 삶을 잘 살아서 그리스도인이 된 것이 아니라, 우리는 하나님의 은혜로 말미암아 하나님의 자녀가 되었기 때문에 그리스도인으로 사는 삶을 잘 살 수 있게 된 것이다.

우리는 로마서에서 바울 사도가 가르친 내용을 평생 이해하려고 해도 다 이해할 수 없을 정도로 깊고도 많은 영적 지식과 지혜를 찾아볼 수 있었다. 그뿐만 아니라 바울 사도의 생애와 사역을 통해 평생 본받아야 할 것들을 다수 발견할 수 있었다. 앞으로의 문제는 아는 것에 그치지 않고 어떻게 실제로 우리들의 삶 가운데 실천할 수 있는가이다.

더 나아가서 로마서는 하나님의 나라의 성격을 가장 잘 나타낸 책이라고도 볼 수 있다. 바울 사도는 '하나님 나라'를 전파하는 것이 목표였다고 에베소 장로들에게 마지막으로 고백했다(행 20:25). 로마서 15:16 에서는 예수님의 일꾼이 되어 하나님의 복음의 제사장 직분을 하였고, 15:17 에서는 그리스도 예수 안에서 하나님의 일에 자랑할 것이 있었다고 고백한다.

예수 그리스도께서 이 땅에 오셔서 선포하신 "회개하라 하나님의 나라가 가까웠느니라"가 바로 로마서가 표현하려는 하나님의 나라의 성격이다. 로마서야말로 하나님의 나라를 가장 적나라하게 표현해 놓은 내용이라고 해도 과언이 아닐 것이다. 이제 이런 장엄(莊嚴)한 내용을 어떻게 우리가 실제로 경험하면서 이 땅에서 하나님의 나라를 펼쳐 나아갈 수 있는가를 위해 우리의 열정을 쏟아 실천해야 한다. 하루속히 이런 내용이 세상 모든 족속에게 전달되어서 그들도 우리처럼 하나님의 나라 복음을 알고 함께 기뻐하며 영원하신 하나님께 나와 함께 경배와 찬송을 드릴 수 있어야 하겠다.

나의 기도

하나님 아버지, 너무나 감사합니다. 로마서 내용을 우리에게 알려 주시고 우리가 하나님의 나라에 대해 한층 더 잘 알게 해 주신 것에 대해 무엇이라 감사드려야 할지 모르겠습니다. 바울 사도가 이를 위해 자신의 생명을 다 쏟을 만도 합니다. 누구든지 이런 아름다운 하나님의 나라를 보았을 때 그렇게 하지 않고서는 못 견딜 것입니다. 로마서를 공부하는 우리가 모두 그렇게 하나님의 나라에 대해 깨닫고 하나님의 나라의 일에 동참하는 사람들이 되게 해 주시기를 간절히 바랍니다. 하나님의 나라 복음이 하루속히 세상 모든 족속에게 전달되어서 그들도 그리스도의 은혜로 말미암아 하나님의 영광을 바라볼 수 있게 해 주시기를 간절히 바랍니다. 영광이 세세무궁토록 하나님과 그 아들 예수 그리스도와 성령 하나님께만 있기를 기원합니다. 예수님의 이름으로 기도합니다. 아멘, 아멘!

참고문헌

홍정길. 『하나님의 이름은 자유입니다』. 서울: 크리스챤서적, 2021.

Barrett, C. K. *Epistle to Romans*. rev. ed. Grand Rapids: Baker, 1991.

Barth, Karl. *Church Dogmatics* II/2, Ttranslated by Geoffrey W. Bromiley and J. C. Campbell et al. Edinburgh: T&T Clark, 1957.

Black, Matthew. *Romans*. The New Century Bible. Greenwood: Attic Press, 1977.

Bruce, F. F. *Romans*. Tyndale New Testament Commentaries. Leicester, England: IVP, 1990.

Goheen, Michael W. ed. *Reading the Bible Missionally*. Grand Rapids: Erdmans, 2016.

Harrison, Everett F. *Romans*. The Expositor's Bible Commentary. rev. ed. Grand Rapids: Zondervan, 1982.

_______., and Donald A. Hangner. *Romans*. The Expositors Bible Commentary. rev. ed. Grand Rapids: Zondervan, 2008.

Longenecker, Richard N. *The Epistle to the Romans*. The New International Greek Testament Commentary. Grand Rapids: Eerdmans, 2016.

Murray, Andrew. 『겸손』. 김희보 역. 서울: 총신출판부, 1977.

Murray, John. *The Epistle to the Romans*. The New International Commentary on the New Testament. Grand Rapids: Wm. B. Eerdmans, 1974.

Newbigin, Lesslie. 『오픈 시크릿: 마침내 드러난 하나님의 비밀-선교』. 홍병룡 역. 서울: 복 있는 사람, 2012.

Schreiner, Patrick. "What We Would Be Missing If We Didn't Have the Book of Acts." *Crossway Articles*. January 04, 2022.

_______. "The Mission of the Triune God." posted by Matthew Hines. January 25, 2022. https://www.mbts.edu/2022/01/booktalks-with-patrick-schreiner-the-mission-of-the-triune-god.

Stedman, Ray C. *Body Life*. Grand Rapids: Discovery House Publishers, 1995.